Agent der Niemandskinder

Erika Demandt

Erika Demandt

Agent der Niemandskinder

CSV
Christliche Schriftenverbreitung
42490 Hückeswagen

1. Auflage 2011

Umschlagbild: Kathrin Six
Illustrationen: Stefanie Todorova
Satz und Layout: Christliche Schriftenverbreitung
Druck: CPI – Ebner & Spiegel, Ulm

ISBN 978-3-89287-855-1

www.csv-verlag.de

Inhalt

Personen

Familie Faber mit
Mama Karin, Papa, Sylvi, Benni und Johannes

Kinderdorffamilie Kügler

Papa Ingo
Mama Susa und ihre drei eigenen Kinder
Juliana, Till und Felix
dazu: Pascal mit seinen beiden
Schwestern Annabelle und Roxanna,
außerdem Ömer und Maya

Erzieherin Ina

Frau Schröder
Missis Miller
Herr Karle als Lehrer

Annika und Jenni
(Mitschülerinnen von Benni und Pascal)
Tim und Jonas gehören auch zur Klasse

Tante Ute

Endlich Schulschluss

„Muss denn immer diese Lautstärke sein?“, seufzt Frau Schröder im Stillen. Die Klassenlehrerin der 7a trägt noch rasch die Stunde ins Klassenbuch ein und packt dann schnell ihre Sachen, während die Schüler wild durcheinander rennen. Einer schreit lauter als der andere und nicht nur Frau Schröder sehnt nur noch den Schulgong herbei, der den Unterricht an diesem Vormittag beenden wird. Und dann ist es endlich so weit: Es gongt und aus allen Klassenzimmern schwappt die Schüler-Flut auf die Flure des Schulgebäudes und von dort nach draußen.

Obwohl er noch eine Weile auf seinen Bus zu warten hat, verzieht sich Benni schon mal in Richtung Haltestelle. Wenn er früh kommt, hat er etwas mehr Aussicht auf einen Sitzplatz. Und den kann er nach dem anstrengenden Schulvormittag mit zwei Sportstunden gut gebrauchen. Kurz darauf steigt auch Pascal ein und setzt sich neben ihn.

Aus dem Augenwinkel mustert Benni seinen Sitznachbarn, denn Pascal ist neu in der Klasse. Der Neue ist ein Fliegengewicht, sieht aber sportlich aus. Eine Frisur kann Benni nicht erkennen, weil er sie meistens unter einer dunkelblauen Baseballkappe versteckt. Nur zwei, drei Strähnen verraten im Bus, dass er rote Haare hat.

„Wann fangen wir denn mit Deutsch an? Gleich heute?", fragt Pascal mal vorsichtshalber, denn Benni ist dafür bekannt, dass er auch mal schnell was im letzten Moment vor der Stunde hinschmieren kann. Im Unterschied zu Pascal ist Benni deutlich stämmiger gebaut und auch ein gutes Stück kleiner. Hinter seiner stabilen runden Nickelbrille, die im oberen Bereich manchmal mit seinen dunkelbraunen Haaren in Berührung kommt, blitzen zwei wache, braune Augen. Benni kratzt sich mit dem Zeigefinger hinter dem linken Ohr – eine Angewohnheit, wenn er eine Entscheidung noch ein bisschen hinauszögert.

„Die Forscherarbeit, hm, mal überlegen … Ja, das könnte ziemlich viel werden."

„Klar, das klang nach einem ganzen Roman!", jammert Pasal, der offensichtlich zu der Sorte Mensch gehört, die nicht für die Schule geboren sind. Ganz anders bei Benni. Seine Noten sind alle gut oder sehr mit einer Ausnahme: Sport. In Deutsch ist er im letzten Schuljahr sogar nur ganz knapp an einer Eins vorbeigeschrammt – und das bei Frau Schröder, die ihren „Lieben“, wie sie die Schüler manchmal nennt, wirklich alles abverlangt.

Bei dem gegenseitigen Beschnuppern und dem gemeinsamen Jammern über die Mega-Hausaufgabe vergeht die Busfahrt wie im Flug.

Schon kommt die Haltestelle, wo beide aussteigen müssen. Ein Stück gehen sie zusammen bergauf, bevor Pascal dann nach ungefähr hundert Metern nach links abbiegt.

„Du, ich habe eine Idee“, greift Benni das Gespräch aus dem Bus noch mal auf. „Wir könnten doch heute zusammen Hausaufgaben machen und auch mit der Deutschaufgabe anfangen.“ „Von mir aus gern“, meint Pascal.

„Wo wohnst du eigentlich?“, fragt Benni. Pascal geht nämlich noch nicht so lange in seine Schule.

„Ich? Na da drüben, im Kinderdorf!“

Kinderdorf? Damit kann Benni nicht viel anfangen.

„Und du?“

„Gleich hier um die Ecke, in der Gartenstraße 10. Guck, da oben, zweiter Stock. Kommst du um drei?“

Pascal nickt. „Bis dann!“

Am Nachmittag sitzen die Jungen zur vereinbarten Zeit in Bennis Zimmer und starren etwas verzweifelt in ihr Deutschheft. „Da hat sich Frau Schröder ja wieder mal was ausgedacht!“, jammert Benni. „Das sieht nach ganz viel Arbeit aus!“

Pascal runzelt angestrengt die Stirn. Was hat die Lehrerin noch zur Aufgabenstellung erklärt? „Also“, fasst er zusammen, „die Schule soll einen Namen bekommen, wie das jetzt so üblich ist.“

„Na ja, Gesamtschule ist schließlich kein besonders origineller Name“, ergänzt Benny. „Außerdem möchten Schulleitung und Lehrer, dass der Name so etwas wie ein Programm werden könnte.“

Pascal schüttelt den Kopf: „Ein Programm? Das ist mir jetzt aber völlig schleierhaft. Warum müssen Lehrer sich eigentlich so hochtrabend ausdrücken?“

Benni weiß darauf auch keine Antwort, aber er hat eine Idee: „Komm, wir fragen mal meine Mutter!“

Bennis Mutter hat sich im Wohnzimmer das Bügelbrett aufgebaut und wird links und rechts von zwei ansehnlichen Körben mit Bügelwäsche eingerahmt. Während sie das Dampfbügeleisen mit Wasser befüllt, hört sie sich die Erklärungen der beiden Jungen an. Sie lässt sich mit ihrer Antwort etwas Zeit. „Mmmh“, antwortet sie dann, wobei Bennis T-Shirt mit dem coolen Aufdruck gerade wieder Form unter dem Bügeleisen annimmt, „das scheint mir aber eine interessante Aufgabe zu sein. Es soll bestimmt ein Name ausgesucht werden, mit dem ihr etwas anfangen könnt. Also zum Beispiel eine Person, die euch sehr wichtig ist oder die ihr bewundert.“ „Vielleicht James Bond oder ein bekannter Sänger?“, fragte Pascal überrascht.

„Oder ein toller Sportler?“, meint Benni. „Aber was ist mit dem Programm gemeint?“

„Vielleicht ist bei dieser Aufgabe an einen irgendwie vorbildlichen Menschen gedacht, der Gutes getan und engagiert gelebt hat, der Lebensziele besaß, nach denen sich die ganze Schulgemeinschaft gern ausrichten möchte.“

„Also eine Leitfigur?“, rutscht es Pascal heraus.

Benni klopft ihm erleichtert auf die Schulter. „Genau. Das ist das richtige Stichwort“, meint er anerkennend.

„Klar. Du hast Recht. Es geht um eine Leitfigur. Ich kann mich erinnern, dass irgendein Lehrer das Wort benutzt hat. Und damit wir nicht vor einem Riesenberg geeigneter Namen stehen, haben wir auch gleich eine Liste mit Namen bekommen, die von Eltern und Lehrern vorgeschlagen wurden.

Nun sollen wir jeweils eine Person erkunden.“

„Mmh, hört sich eigentlich interessant an“, meint Pascal.

„Aber komisch, dass im Moment die meisten Lehrer diese Art Aufgaben stellen: forschen, erkunden, Spürhundaufgaben – scheint ‚in’ zu sein bei den Paukern. Egal, es gibt Schlimmeres!“

„Ja“, bestärkt Benni, „uns wird bestimmt etwas dazu einfallen.“

„Über welche Person sollt ihr denn etwas herausfinden?“, fragt Frau Faber.

„Der Name steht hier. Frau Schröder hat ihn in der Liste für uns angekreuzt: Dr. Thomas Barnardo."

„Wer ist das? Habt ihr Infomaterial über ihn? Vielleicht steht etwas über ihn in eurem Geschichtsbuch“, vermutet Bennis Mutter. „Nee, Mama“, seufzt Benni ein bisschen. „Das ist es ja: Wir sollen uns selber schlau machen, forschen eben!“

„Na dann viel Erfolg, ihr beiden Forscher. Ich geh in der Zeit in den Garten, um nach Unkraut zu forschen, ihr seid ja nicht die einzigen Experten hier!“

„Mama, bitte noch schnell einen Tipp! Wo können wir denn suchen? Hast du den Namen schon mal irgendwo gehört?“

Frau Faber überlegt. „Mhh, gute Frage. Nein, ich glaube nicht, aber ich will mal eben nachschauen …“

Die ehemalige Nachbarin

In der recht gut sortierten Familienbibliothek im großen Wohnzimmerschrank fischt Bennis Mutter aus dem zehnbändigen Lexikon den ersten Band heraus und blättert ein wenig. Über die kleine Abwechslung beim Bügeln scheint sie nicht ganz traurig zu sein. Rasch hat sie einige Informationen herausgefunden, die Benni und Pascal weiterhelfen. Thomas Barnardo lebte in England, – dabei hatten sie bei dem Namen eher auf einen Spanier oder Italiener getippt. Und er hatte offenbar etwas mit Waisenhäusern zu tun, auch das Stichwort „Zerlumptenschule" taucht auf. Das scheint aber ein sehr merkwürdiger Schulname zu sein.

„Mhh, das ist aber keine Empfehlung für eine Schule", stellte Benni grinsend fest. „Stell dir mal vor, in deinen Bewerbungsunterlagen steht später ‚Besuch der Zerlumptenschule von dann bis dann'. Weiß wirklich nicht, ob unser Barnardo der richtige Namensgeber ist."

Auch Pascal runzelt die Stirn.

Frau Faber bemerkt das und schlägt rasch vor: „Benni, du erinnerst dich doch bestimmt noch an Ute Teschauer, die mal früher gegenüber wohnte. Erstens hat sie eine Menge Bücher und zweitens kann ich mich entsinnen, dass sie in ihrem Beruf mit Kinderheimen zu tun hatte. Fragt sie doch mal. Sie hilft euch bestimmt gern weiter!"

„Ja, klar! Tante Ute! Das ist eine super Idee", entfährt es Benni. Seine Mutter bemerkt den fragenden Blick von Pascal und erklärt bereitwillig: „Weißt du, Pascal, Ute Teschauer ist zwar nicht Bennis richtige Tante, aber unsere Kinder nennen sie alle so, weil sie nicht gesiezt werden möchte. Du kannst sie natürlich auch ‚Tante Ute' nennen. Sie mag Kinder sehr gerne. Los, Pascal! Lass uns gleich hinfahren!"

Glücklicherweise ist Pascal schon mit seinem Mountainbike bei den Fabers angereist. Benni schiebt sein Bike ebenfalls aus der ziemlich vollgestopften Garage und hat dann einige Mühe, dem drahtigen Pascal zu folgen. Wie gut, dass nur er den Weg zu Tante Ute kennt und Pascal deshalb ab und zu an einer Kreuzung stehen bleiben muss, um ihn zu fragen, wie es weitergeht. Ute Teschauer wohnt in einem ruhigen Wohnviertel am Ortsrand.

Als Benni und Pascal ihre Fahrräder gegen den Gartenzaun stellen und sich wie ein Polizisten-Duo vor der Haustür aufstellen, haben sie Glück: Tante Ute ist zu Hause und öffnet ihnen leicht verstrubbelt und verschwitzt die Tür: „Ah, Benni, das ist aber schön, dass du dich mal sehen lässt. Ist das dein Freund? Kommt doch rein, bestimmt möchtet ihr etwas trinken, oder?“

Obwohl Pascal die „Tante“ zum ersten Mal sieht, ist sie ihm sofort sympathisch. Wenn sie lächelt, bilden sich links und rechts im Mundwinkel kleine Fältchen und ihre freundlichen Augen verraten, dass Bennis Mutter Recht hat: Sie freut sich riesig über den Besuch der beiden Jungen. Dabei sieht es in der Küche nicht so aus, als ob Tante Ute Langeweile hat. Auf dem Esstisch türmen sich Teller, Tassen, Gläser, Schüsseln, Töpfe, Verpackungen und eine ganze Menge mehr. Erst jetzt denkt Benni daran, dass sie besser vorher angerufen hätten. „Passt es dir nicht so gut?“, fragt er betreten.

„Ach, du denkst wegen der Unordnung hier?“ Tante Ute lacht. „Ich hatte für heute beschlossen, endlich mal meine Küchenschränke auszumisten und dabei gleich sauber zu machen. Aber die laufen mir doch nicht weg! Jetzt seid ihr hier und wir machen uns eine Tasse Kakao – oder trinkt ihr lieber Tee?“

Flink schichtet Tante Ute das Küchenschrank-Allerlei auf die benachbarte Arbeitsplatte neben dem Herd um.

„Kakao“, sagt Pascal schnell und Benni schließt sich an. Dann beginnt er von ihrer Forschungs-Aufgabe zu erzählen.

„Thomas Bernhard?“, unterbricht ihn die Nachbarin

lebhaft. „Klar kenn ich den, der hatte doch früher den kleinen Gemüseladen, aber seit der Supermarkt …“

„Stopp, stopp, Tante Ute; doch nicht der!“, unterbricht Benni. „Unser Mann heißt Thomas Barnardo. Er lebt auch schon längst nicht mehr und wohnte auch nicht hier, sondern in England.“

„Ach so!“ Die Nachbarin lacht. „Da hatte ich wieder nur die Hälfte mitgekriegt. In England, sagst du? Barnardo, Barnado. Warte mal, ja, da dämmert mir was, hatte er mit armen Kindern was am Hut? Mit Straßenkindern?“

„Kann sein, so genau wissen wir das auch noch nicht“, berichtet Pascal.

„Mama meinte, es ging wohl um ein Waisenhaus und eine Zerlumptenschule“, ergänzt Benni.

Tante Ute runzelt die Stirn und überlegt angestrengt. Dann springt sie auf und verschwindet im Nebenraum.

Pascal hat schon mit Staunen gesehen, dass bei Tante Ute in jedem Zimmer mindestens ein großes Bücherregal steht. Und sie kennt sich darin anscheinend sogar einigermaßen aus! So dauert’s nicht lang, bis sie mit einem dicken Buch zurückkommt und sehr vergnügt feststellt: „Über 400 Seiten, da habt ihr mal richtig Lesefutter!“

Entsetzt schauen sich die Jungen an. Das darf doch nicht wahr sein! 400 Seiten! Als ob sie sonst nichts zu tun hätten! Es muss doch noch andere Methoden geben, um etwas über Herrn Barnardo zu erfahren?

„Na ja, wir haben auch noch andere Hausaufgaben“, sagt Pascal zögernd. „Das dauert doch total lange, so was durchzuarbeiten, oder?“

Benni, der sich sehr gut erinnern kann, dass Tante Ute ihm und seinen Geschwistern früher oft Geschichten erzählte, macht ganz zaghaft einen Vorschlag: „Könntest du uns nicht ein bisschen über Thomas Barnardo erzählen? Du hast doch sicher das Buch schon gelesen, oder?“

„Aber das ist ziemlich lange her.“

„Ach so“, meint Pascal enttäuscht.

„Ich habe eine Idee“, meint Tante Ute verschmitzt. „Wir machen eine Art AG. Ich lese das Buch für euch noch einmal und ihr übernehmt im Gegenzug eine Arbeit für mich. Ich erzähle euch über Barnardo, ihr macht euch Notizen, und könnt eure Aufgabe schreiben.“

„Teil eins ist okay“, meint Benni. „Aber welche Aufgaben sollen wir denn übernehmen?“, ergänzt er etwas zögernd. „Ich weiß nicht, ob ich Küchenschränke so richtig sauber machen kann …“

„Keine Sorge, die Schränke putze ich lieber selber“, sagt Tante Ute beruhigend und lacht. „Aber wie wär’s mit Rasenmähen, Einkaufen, Straße fegen?“

Die drei sind sich schnell einig. Die Jungen haben vier Wochen Zeit für ihre Aufgabe. Sie dürfen jeden zweiten Tag kommen. Tante Ute wird ihnen dann jedes Mal erzählen, was sie inzwischen gelesen hat.

Benni und Pascal verabschieden sich. „Bis übermorgen, Tante Ute, und lies bloß nicht die ganze Nacht!“

„Nein“, verspricht Tante Ute vergnügt. „Höchstens die halbe. Schließlich will ich übermorgen viel für euch zu erzählen haben!“

Knabberstündchen bei Tante Ute

Beim nächsten Besuch brauchen sie keine langen Vorreden. Tante Ute erwartet die Jungen schon. Gemütlich sitzen sie bei dampfendem Kakao und knusprigen Plätzchen in der Sofaecke und Tante Ute legt sofort los:

„Die Geschichte beginnt mit einem jungen Medizinstudenten in England. Eigentlich wollte er Chinamissionar werden. Zur Vorbereitung sollte er ein Medizinstudium absolvieren, so wurde es beschlossen. Sein Herz brannte für die Heidenkinder, wie man damals sagte."

„Heidenkinder? Aus der Lüneburger Heide?", fragt Pascal gespannt, erstaunt. Benni hat das Wort schon öfter gehört: „Das waren Kinder, die – na ja, eben keine Christen waren. Sie kannten Gott nicht. Keine Ahnung, warum sie Heiden genannt wurden. Weißt du's, Tante Ute?"

„Tatsächlich liegt Pascal nicht daneben mit der Lüneburger Heide", bestätigt diese, nachdem sie in ihrem Herkunftswörterbuch geblättert hat. Ihre beiden Zuhörer machen große Augen, das hätten sie nicht gedacht. „Aber so genau weiß man es nicht“, fährt Tante Ute fort. „Man nannte früher die Leute, die außerhalb der Orte in der Wildnis wohnten, Heidebewohner, später einfach Heiden. Als es dann Christen und Nichtchristen gab, bezeichnete man die Nichtchristen kurzerhand auch als Heiden. Ziemlich ungenau, aber das ist dann so geblieben.“

„So ist das also“, meint Benni.

Tante Ute nickt ihm zu, dann erzählt sie weiter: „Thomas Barnardo konnte es nicht ertragen, dass so viele Chinesenkinder noch nie von Jesus Christus, dem Sohn Gottes, dem Heiland der Welt gehört hatten. Es war für ihn sonnenklar, dass er so bald wie möglich nach China reisen würde. Aber dann kam alles ganz anders.“

„Wieso? Wurde er krank?“

„Nein, das war nicht der Grund, obwohl er als Baby so krank und schwach war, dass ein Arzt ihn für tot erklärte und die Familie seine Beerdigung vorbereitete. Zum Glück bemerkte ein Mann vom Beerdigungsinstitut, der das Baby in den kleinen weißen Sarg legen wollte, dass sein Herzchen noch schlug. Könnt ihr euch vorstellen, wie froh und dankbar die Eltern waren?“

Die beiden nicken ernsthaft, die Geschichte scheint ja interessant zu werden. Ein lebendiges Kind, das um ein Haar in einen Sarg gelegt wird!

„Das schwache Baby wurde schnell zu einem starken,

wilden Jungen. Sehr beliebt war er nicht, vor allem nicht bei den Erwachsenen. Keiner wurde so richtig mit ihm fertig. Bis – ja, bis er eines Tages total umkehrte. Er bekannte dem Herrn Jesus seine Sünden, alles Böse in seinem Leben, und bat ihn um Vergebung. Danach merkten alle, dass der wilde Junge sich zum Positiven veränderte, weil er den Herrn Jesus in sein Leben aufgenommen hatte.

Ab jetzt kannte er nur noch ein wichtiges Ziel; er wollte auch anderen Menschen erzählen, wie sehr Jesus Christus ein Leben verändern kann. Er konnte es nicht ertragen, dass ungezählte Menschen ohne Gott lebten – und einmal ohne Frieden mit Gott sterben müssten, wenn sie nicht rechtzeitig den Herrn Jesus als ihren persönlichen Retter in ihr Leben aufnahmen. Thomas wusste aus der Bibel, dass es nur zwei Ziele für einen Menschen gibt, wenn er stirbt: den Himmel für ewig bei Gott oder die Hölle für ewig getrennt von Gott und damit getrennt von allem Schönem, Wahrem und Hellem. Deshalb nahm Thomas sich ganz fest in seinem Herzen vor: „Mein Leben soll Gott gehören, damit so viele Menschen wie möglich den Herrn Jesus kennen lernen und an das richtige Ziel kommen."

Thomas verschenkte Bibeln, sprach mit den Leuten über ihr Leben und ihre Zukunft und machte sich pausenlos Gedanken, wie er helfen könnte. Wenn er schon abwarten musste, bis er endlich nach China ausreisen durfte, so wollte er doch jetzt schon missionieren.

Von seinem Vater bekam er Geld für sein Studentenleben. Er brauchte Bücher und musste die Zimmermiete und seine Verpflegung bezahlen. Große Sprünge konnte er sich nicht leisten und er wollte auch den Vater nicht unnötig um Hilfe bitten."

„Hat Thomas denn kein Bafög bekommen?", fragt Benni mit großen Augen. Er denkt an seinen Cousin Sebastian, der in Marburg studiert und jeden Monat einen gewissen Betrag vom Staat bekommt.

Tante Ute lächelt. „Stimmt, ich hab euch ja noch gar nicht verraten, wann Thomas lebte! Das war im 19. Jahrhundert. Genauer gesagt, er wurde 1845 geboren. Damals gab es natürlich noch kein Bafög. Es ging ganz anders zu als heute. Thomas Barnardo hatte viel Glück, dass er überhaupt studieren durfte. Es gab so viel Armut damals, und die Kinder hatten es besonders schwer. Viele von ihnen konnten überhaupt nicht zur Schule gehen, sondern mussten schwer arbeiten!"

Pascal denkt, dass er ja auch so seine Aufgaben im Kinderdorf hat! Diese Woche muss er den großen Hof fegen. Das ist zwar nicht so sein Ding, aber ein Ferienjob würde ihm eigentlich besser gefallen als Schule, meistens zumindest. „Arbeiten ist doch nicht schlecht", meint er vorsichtig, „was war daran denn so schlimm in England damals?"

Tante Ute erzählt von den Kaminfegerkindern, die nackt in den engen schmutzigen Kaminen hochstiegen, um sie zu fegen. Weil sie so schmutzig waren, mussten sie auf einem Rußhaufen übernachten.

„Stimmt, wie in der Geschichte von Oliver Twist[1]!“, sagt Benni lebhaft. „Das hatten wir auch mal in Deutsch. Kann man sich gar nicht vorstellen, durch den Schornstein zu krabbeln, total eng! Und erbärmlich dreckig!“

„Thomas hörte davon durch einen vornehmen Lord[2], der sich sehr für das Schicksal der Ärmsten einsetzte, wie auch für die armen Kinder, die vierzehn Stunden durch die Bergwerksgänge kriechen mussten, um die schweren Loren[3] zu ziehen – mit einer Kette, die zwischen ihren Beinen durchlief.

Außerdem erzählte er dem erschrockenen Thomas von den Weberkindern[4], die auch so einen unendlich langen Arbeitstag hatten. Diese Kinder lebten wie Sklaven in ihrem eigenen Land, bis endlich Gesetze geschaffen wurden, die das Allerschlimmste verboten. Lord Shaftesbury setzte sich zeitlebens dafür ein, den Kindern das Leben etwas zu erleichtern.

„Wie denn?" Die Jungen haben atemlos zugehört.

„Zum Beispiel durfte ab jetzt nur noch bis Samstagmittag gearbeitet werden anstatt bis abends. Zuvor sahen die armen Kinder in den Bergwerken nur am Sonntag das Tageslicht, sonst lebten sie im finstern Schacht und kletterten spätabends nach draußen."

„Das haut einen ja richtig um. Ich kann mir nicht vorstellen, wie man so leben kann. Schrecklich!" Benni ist sichtlich betroffen.

---

1 Der englische Schrifsteller Charles Dickens erzählt in seinem Roman „Oliver Twist" die Lebensgeschichte des Findelkindes und Waisenjungen Oliver Twist.

2 „Lord" ist ein englischer Adelstitel, vergleichbar mit dem deutschen „Baron".

3 Eine „Lore" ist ein kleiner Transportwagen auf Schienen, mit dem die Kohle aus dem Bergwerk abtransportiert wird.

4 Die Weber stellten auf so genannten „Webstühlen" Stoffe her. Für diese Handarbeit wurden in England damals gerne Kinder eingesetzt.

„Ja, in dieser Zeit lebte Thomas Barnardo. Bevor er Lord Shaftesbury kennenlernte, wusste er noch kaum etwas von all diesen Verhältnissen. Wer kam denn auch schon an die schrecklichen Arbeitsplätze der armen Kinder? Vornehme Leute fuhren elegant gekleidet in der Kutsche durch London, aber doch nicht in die schmutzigen, überfüllten Armenviertel. Arme und Reiche lebten in der gleichen Stadt, aber wie verschieden!"

„Hat denn Thomas nie selbst erfahren, wie es dort bei den Armen zuging?" Benni und Pascal haben atemlos zugehört, denn die Geschichte hat sie gepackt.

„O doch, eines Tages sprach er nämlich mit Jimmy, doch das ist eine neue Geschichte. Heute nicht mehr, ihr beiden Forscher, denn dafür möchte ich erst noch ein ordentliches Stück weiterlesen."

Etwas enttäuscht, aber auch sehr zufrieden mit den erhaltenen Informationen, schieben die Jungs ab. Auf dem Rückweg werden sie Tante Utes Schuhe zur Reparatur bringen, das liegt genau auf ihrem Weg.

„Bis übermorgen!", rufen alle drei gleichzeitig, und dann schließt sich die Haustür hinter den Jungen.

Unterwegs fällt Benni ein, dass er seinen Schulfreund eigentlich etwas fragen wollte, gestern hat er's glatt vergessen: „Du, Pascal, du sagtest neulich, dass du im Kinderdorf wohnst. Ist das tatsächlich ein ganzes Dorf, wo nur Kinder wohnen? Kommt ihr da gut klar? Und wieso ist denn hier mitten in der Stadt ein Dorf? Etwa mit Bauernhöfen und Kühen und Mist und so?"

„Nee!" Pascal lacht sich kaputt. „Hast du denn noch nie von Kinderdörfern gehört? Da gibt es doch keine Bauernhöfe! Wir haben ganz normale Häuser und in jedem wohnt eine Kinderdorffamilie. Zu meiner Familie gehören das Ehepaar Kügler mit ihren drei eigenen Kindern, meinen beiden Schwestern Annabelle und Roxanna und ich. Neulich kam noch Ömer dazu. Und Maja. Das war's."

„Und wo wohnt deine richtige Familie?"

„Mein Dad lebt in den USA und meine Mama hat einen andern Mann geheiratet. Wir besuchen sie oft an den Wochenenden und in den Ferien. Vielleicht gehen wir irgendwann wieder zu ihr, aber hier im Kinderdorf ist's auch in Ordnung. Sonst noch Fragen?"

Benni hat nun erst mal genug, worüber er nachdenken muss. Diese Neuigkeiten wird er heute beim Abendessen den andern erzählen. „Tschüss, bis morgen!"

Landkarten im Gehirn

In der Schule werden heute die ersten Informationen ausgetauscht. Frau Schröder nennt das „Recherchen“[4], wobei natürlich jeder normale Mensch an Rechnen denkt – aber das heißt ja auch in der Grundschule bereits Mathe.

„Also, wie sieht es aus mit euren Recherchen?“, will Frau Schröder wissen.

Die kleinen Arbeitsgruppen setzen sich zusammen und stellen ein Namens-Schild auf ihren Tisch, über welche Person sie forschen. Die Lehrerin lässt sich kurz berichten. Einige haben noch nichts gefunden, weil die Eltern am Wochenende keine Zeit hatten, im Internet zu suchen. Denn natürlich dürfen sie Erwachsene um Hilfe bitten. Sonst wäre es auch zu schwer.

---

4 „Recherchieren“ ist ein Fremdwort und bedeutet so viel wie „Zusammensuchen“.

Als Frau Schröder an den Thomas Barnardo-Tisch kommt, ist sie überrascht von den vielen Notizen. „Fleißig gearbeitet!“, lobt sie erfreut, denn Pascal und Benni sind ihr bisher nicht als übereifrig aufgefallen. Sie hört den Berichterstattern aufmerksam zu.

„Das war anscheinend ein sehr vielseitiger Mann, euer Dr. Barnardo! Ich empfehle euch, eine Mindmap anzufertigen. Wisst ihr noch? Denkt an die Landkarte in eurem Kopf, alles klar? Dort bringt ihr zunächst alles unter. Für die Präsentation können wir die Ergebnisse dann auf eine Wandzeitung übertragen.“

Ergeben nicken die beiden, darauf läuft es meistens hinaus: Wandzeitung, Präsentation, Mindmap. Aber warum nicht? Bei einem spannenden Thema tut man schon gern etwas.

Am nächsten Nachmittag gehen sie wieder zu Tante Ute. Pascal hat erst ein bisschen rumgestottert mit „Frau … ähm, was stand noch mal auf der Klingel?“ „Unsinn, sag ruhig Tante Ute, das ist doch einfacher.“

So ist auch das geklärt. Gemütlich ausgestreckt auf dem dicken gewebten Teppich warten sie auf die Fortsetzung der Geschichte.

„Zuerst eine gute Nachricht: Das Buch hat sogar über fünfhundert Seiten, nicht nur vierhundert, wie ich neulich sagte!“

„Und die schlechte?“

„Wieso? Welche schlechte Nachricht? Nein, ich sage euch nur vorsichtshalber, dass noch ziemlich viel Text kommt. Ihr habt dann eine Menge Arbeit.“

„Ach so! Aber du kannst richtig gut erzählen. Und wenn es so interessant bleibt, macht's echt Spaß.“

Pascal hat aber noch eine andere Frage. Er hat nämlich den Titel des Buches gelesen. „Wer war eigentlich ‚der Mann mit der Laterne'? Der kam doch bis jetzt nicht vor, oder?“

Tante Ute lacht. „Doch, der kam schon vor! – Wisst ihr noch, beim letzten Mal hatte ich euch Jimmys Geschichte angekündigt. Ihr erinnert euch daran, dass Thomas eine Zerlumptenschule gründete?“

„Nee, keine Spur! Das Stichwort kam nur mal im Gespräch vor und wir haben uns gewundert, was das für ein komischer Schulname ist. Aber sonst? Keine Ahnung.“

„Na gut, dann fang ich damit an. Es gab damals in London unheimlich viele bettelarme Kinder. Ihre Kleider zerfielen zu Lumpen, irgendwann konnte nichts mehr ausgebessert werden und neue Sachen gab es schon gar nicht. Das Geld fehlte ja zum Nötigsten. Diese Kinder liefen halbnackt und halbverhungert durch die schmutzigen Straßen. Viele von ihnen versuchten, Streichhölzer zu verkaufen und ein paar Münzen damit zu verdienen …“

„Wie in dem Märchen ‚Das Mädchen mit den Schwefelhölzern?'", fragt Pascal staunend.

„Richtig! Das Märchen ist von Andersen und der war Däne. Aber diese armen Kinder gab es natürlich auch in anderen Ländern. Aber jetzt weiter. Einige mitleidige Menschen erbarmten sich über die Elenden und versuchten, die größte Not zu lindern. Sie richteten Schulzimmer in den Armenvierteln ein, wo Unterricht stattfand. Die Kinder waren glücklich, an einigen Abenden der Woche und am Sonntag in einem geheizten Raum sitzen zu dürfen. In der Regel bekamen sie auch etwas zu essen und ein heißes Getränk. So konnten sie sich ein wenig stärken. Die Lehrer bemühten sich, ihnen Lesen, Schreiben und Rechnen beizubringen."

„Puh, das nahmen die armen Kinder bestimmt in Kauf, Hauptsache sie bekamen was zu essen", meinte Benni.

„So ganz falsch ist das wohl nicht. Aber könnt ihr euch vorstellen, dass die Lehrer eine sehr gute Absicht mit ihren Schulen verfolgten? Sie wollten, dass die Kinder durch ihr Lernen eine Chance auf eine Arbeitsstelle erhielten! Genau wie eure Eltern nicht möchten, dass ihr betteln müsst oder Not leidet."

„Stimmt", sagt Benni nachdenklich. „Ist eigentlich schon übel, wenn man nichts lernen kann."

„Alles klar, du sagtest eben ‚Schule für zerlumpte Kinder', also daher der Name ‚Zerlumptenschule'", fasst Pascal zusammen.

„Genau. Und damit kommen wir endlich zu Jimmy. Als Thomas eines Abends seine Schule zuschließen wollte – ach so, da fällt mir noch etwas ein. In dem Schulraum war früher ein Eselsstall gewesen und das Gebäude befand sich am Hopeplace, also am Hoffnungsplatz, das kann man sich gut merken. – Thomas sah plötzlich, dass vor dem Ofen ganz zusammengerollt eine kleine Gestalt lag. Thomas rüttelte sie wach und wollte ihn nach Hause schicken. Aber der Kleine hatte kein Zuhause, er war ein Straßenkind."

Benni weiß Bescheid: „Wie in Südamerika, da unterstützt unsere Gemeinde so ein Straßenkinderprojekt. Ich habe schon mal Bilder davon gesehen."

„Ja, ich kenne auch eine Frau, die dort arbeitet. Aber auch bei uns in Deutschland, in den Großstädten, gibt es obdachlose Kinder, das könnt ihr mir glauben."

Die Augen der Zuhörer werden immer größer. Dass es so viele schockierende, schreckliche Dinge hier und heute geben soll – unglaublich.

„Und was geschah dann mit Jimmy?", fragte Pascal atemlos.

„Thomas wollte ihm nicht glauben, dass er wirklich im Freien übernachtete! Ungläubig lauschte er dem Bericht des Kleinen, dass ganze Scharen von heimatlosen Jungen jede Nacht auf der Straße kampierten! Das konnte, das durfte doch nicht wahr sein! Der Junge musste lügen.

Darum stellte ihn Thomas Barnardo auf die Probe.

So zogen die beiden nach Mitternacht los. In der stockdunklen Stadt blieb Barnardo nichts anderes übrig, als eine Laterne mitzunehmen. Diese Laterne sollte er in Zukunft noch oft benutzen!“

„Ach so!“ Pascal schlägt sich gegen die Stirn. „Alles klar, Thomas ist der ‚Mann mit der Laterne'!“

„Die beiden wanderten durch die nächtlichen Straßen der Armenviertel. Erst sah es nicht danach aus, als ob Jimmy die Wahrheit gesagt hätte. Aber der Junge zeigte ihm immer neue Orte, wo sich zuweilen Kinder vor der Polizei versteckten. Schließlich musste Thomas mit ihm auf ein Blechdach hinaufklettern. Er traute seinen Augen nicht! Hier oben lagen die zerlumpten kleinen Elendsgestalten, in der Kälte aneinandergekuschelt, um sich gegenseitig zu wärmen. Fassungslos leuchtete Thomas mit seiner Laterne in die dunkelsten Ecken und fand zu seinem Entsetzen immer noch mehr Kinder. Wie konnten sie nur hier draußen überleben?

Der Anblick dieser obdachlosen verwahrlosten Kinder weckte in Thomas einen großen Wunsch, der ihn seitdem nicht mehr losließ. Es genügte nicht, dass die Kinder in ihre Abend- und Sonntagschule kamen und ab und zu eine warme Mahlzeit erhielten. Er brauchte ein Haus, um ihnen Lebensraum zu geben, das war es: ein Haus für die ‚nobodychildren', die ‚Niemandskinder' von der Straße!“

„Und, hat er so ein Haus gebaut?“, fragte Benni gespannt.

„Ich denke schon, aber dafür muss ich erst mal weiterlesen und erzähle euch beim nächsten Mal davon. Übrigens: Habt ihr in der Schule auch schon am Thema gearbeitet? Was sagt eure Lehrerin dazu?“

Benni und Pascal können Gutes berichten.

„Frau Schröder war richtig überrascht, dass wir schon so viel Infos hatten und hat uns gelobt!“ Benni grinst über das ganze Gesicht. „Das verdanken wir dir, Tante Ute! Frau Schröder schlug übrigens vor, dass wir die Fakten auf einer Mindmap bringen sollen!“

„Ach ja“, Pascal muss das unbedingt loswerden, „sie hatte noch eine Superidee, nämlich mit dem Kunstlehrer zu sprechen, damit er uns in seinem Unterricht auch noch Tipps zur Wandzeitung gibt. Wegen der Schriftgröße, der Aufteilung mit Bildern und Texten und so.“

„Und wir sollen im Englischunterricht ansprechen, ob Missis Miller vielleicht Texte über Barnardo auf Lager hat. Die Lehrer sind richtig heiß gelaufen, die sind ja immer glücklich, wenn sie uns an die Arbeit kriegen.“ Benni sagt das ein bisschen spöttisch, aber irgendwie freut er sich auch, dass ihr Projekt bei Frau Schröder so gut ankommt.

Niemandskinder?

Als Pascal die restlichen Hausaufgaben erledigt, setzt sich Ina zu ihm an den Schreibtisch. Sie ist als Erzieherin im Kinderdorfhaus angestellt und betreut speziell die drei Geschwister.

„Wann geht ihr denn wieder zu eurer Tante Ute?“, fragt sie. „Ich finde es richtig gut, dass sie mit euch arbeitet. Ich hätte einfach nicht die Zeit, so ein dickes Buch für euch zu lesen!“

„Ist doch klar“, antwortet Pascal.

„Aber vielleicht kann ich euch auch ein bisschen helfen“, sagt Ina geheimnisvoll. „Mir ist nämlich eingefallen, dass eine meiner ehemaligen Mitschülerinnen ein Praktikum in England gemacht hat, und zwar, wenn ich mich richtig entsinne, sogar in einem ehemaligen Barnardo-Heim! Soll ich sie mal anschreiben, ob sie Informationen für uns hat?“

„Ein Haus, das echt noch nach ihm benannt war, ein echtes Barnardo-Heim? Gab's die denn noch bis vor kurzem? Das wäre genial!", meint Pascal. „Toll, dass sich hier noch eine Quelle auftut, eine Originalquelle sogar!", denkt Pascal im Stillen und murmelt dann vor sich hin: „Hätte ich nie gedacht, dass wir so viele Informationen kriegen! Vielleicht bekommen wir dafür am Ende sogar den ersten Platz?!"

Ina lässt sich von seiner Begeisterung anstecken. „Wie ist das überhaupt?" Sie will es jetzt genau wissen: „Wer entscheidet denn über den Schulnamen? Dürft ihr als Schüler auch mitbestimmen?"

Pascal grinst. „Och, darüber haben wir eigentlich noch keine Sekunde nachgedacht! Die Geschichte kam einfach viel besser ins Laufen, als wir es erwartet hatten, weil es eine faszinierende Sache ist. Aber, es wäre schon nicht schlecht, irgendwann zur ‚Thomas Barnardo-Schule' zu gehören, die unserer Arbeitsgruppe den Namen zu verdanken hätte. Und alle, Lehrer und Mitschüler, wüssten endlich: Benni und Pascal sind Klasse-Schüler, die was drauf haben!"

Ina lacht und nickt ihm zu.

„Heute erzähle ich euch von einem sehr schlimmen Erlebnis, das Thomas Barnardo sehr bewegte", beginnt Tante Ute beim nächsten Treffen. „Es ist die Geschichte eines ‚Niemandskinds', das wegen seines roten Schopfes ‚Gelbe Rübe' genannt wurde. Inständig bettelte der Junge um Thomas' Hilfe. Thomas versprach, sich darum zu kümmern, dass der Junge so bald wie möglich einen Pflegeplatz erhielt. Denn auch das gehörte zu den selbstgewählten Aufgaben des aktiven Studenten: Er machte Familien ausfindig, die ein heimatloses Kind aufnahmen. Wir würden heutzutage ‚Pflegestelle' dazu sagen.

„Stopp, das ist ein gutes Stichwort für unsre Mindmap!" ‚Pflegestellen', schreibt Pascal sorgfältig auf seinen Block.

„Wie hat der Student das bloß alles geschafft, und dabei noch studiert?", fragt Benni beinahe ehrfürchtig.

„Das habe ich mich beim Lesen auch immer wieder gefragt", bestätigt Tante Ute. „Dabei fiel mir ein Bibelvers ins Auge, der für Thomas Barnardo ganz wichtig war: ‚Seine Kraft ist in den Schwachen mächtig'.[5]"

Pascal schaut sie hilflos an. „Das soll einer verstehen!", meint er ratlos. „Kraft in den Schwachen? Ist doch der volle Gegensatz – in Mathe heißt so was Paradoxon. Entweder schwach oder kräftig und mächtig, oder?"

---

[5] Der zweite Brief an die Korinther, Kapitel 12, Vers 9

Beide Jungen sind gespannt auf die Antwort. Tante Ute überlegt einen Moment.

„Wisst ihr, die Starken und die sich stark fühlen, die brauchen keinen Helfer. Zumindest denken sie das. Aber die Schwachen, die fühlen sehr deutlich, dass sie alleine nicht weiter kommen. Sie sind froh und dankbar über Hilfe von außen. Solche Leute liebt Gott. Wer ihm seine Schwäche bringt, das heißt, Gott alles offen legt und ihn um Hilfe bittet, hat ihn auf seiner Seite. Dann legt Gott die fehlende Kraft zu. Und dadurch wird allen deutlich, dass die große Kraft Gottes in den Schwachen und durch die Schwachen mächtig wirkt, weil jedem klar ist: Diese Kraft kann nicht aus dem schwachen Menschen kommen, sondern von Gott."

Pascal hat mit gerunzelter Stirn zugehört. Doch dank Utes Erklärung scheint er das Paradoxon aus der Bibel zu begreifen. „Hat Barnardo denn nun eine Pflegestelle für die Gelbe Rübe gefunden?", fragt Benni.

„Ja. Aber es war zu spät! Bevor er dem Kind die gute Nachricht bringen konnte, wurde der kleine Junge verhungert und erfroren aufgefunden. Das machte den Studenten sehr, sehr traurig. Es durfte einfach nie mehr geschehen, dass Kinder einsam und verlassen auf der Straße starben. Ein Haus für seine Straßenkinder musste her! Dringend!

Vor einiger Zeit hatte er an Georg Müller geschrieben, den Leiter eines Waisenhauses in Bristol. So eine Aufgabe schwebte dem jungen Thomas vor, und er war sehr enttäuscht, als Georg Müllers Antwortbrief kam. Anstatt ihn für seinen Einsatzwillen zu loben und ihm eine Aufgabe zu geben, schrieb Georg Müller, Thomas solle zunächst einmal gründlich seine Bibel lesen. Das war wie ein Eimer kalten Wassers für Barnardo. Schon seit seiner Bekehrung studierte er doch so viel wie möglich seine Bibel! Aber davon allein wurden die Niemandskinder nicht satt!"

„Auch große Leute machen mal dumme Fehler!", stellte Benni fest.

„Da hast du Recht", erwiderte Tante Ute. „Barnardo fühlte sich abgeschoben. Aber Gott sei Dank ließ er sich nicht entmutigen. Es gab ja in seiner eigenen Stadt mehr als genug zu tun!

Eines Tages steckte eine Dame Barnardo nach einer Predigt 27 Kupfermünzen zu. Das waren auch damals kleine Geldmünzen, aber die Frau hatte hart gearbeitet und alles, was sie erübrigen konnte, für eine Missionsarbeit, möglichst in China, zusammengespart. Als sie von dem kleinen bebrillten Studenten Barnardo mit den großen Plänen hörte, war ihr klar, dass er ihr Gespartes erhalten sollte.

Für Thomas war ebenso klar, dass sie ihm etwas sehr Wertvolles schenkte. Er dachte an das ‚Scherflein der Witwe'. Sicher kennt ihr die Geschichte aus der Bibel?"

Pascal kennt sie nicht, aber Benni verspricht, ihm auf dem Heimweg davon zu erzählen. „So viele Geschichten wie in der letzten Woche habe ich vorher in meinem ganzen Leben noch nicht gehört“, seufzt Pascal abgrundtief, aber er sieht nicht sehr unglücklich dabei aus.

„Mit dem Geld der armen Spenderin besaß Thomas den allerersten Grundstock für sein ‚Knabenheim’, wie es damals hieß. Das gab ihm mächtig Auftrieb – aber woher sollte er ein Haus und das Geld dazu nehmen?

Seine Freunde und Helfer hatten schon das Verpflegungsgeld für achtzehn Jungen aufzubringen, mehr konnte man von ihnen einfach nicht erwarten.

Eines Tages wanderte Barnardo durch eine ärmliche Straße und entdeckte ein Haus, das seinen Vorstellungen entsprach.

Merkwürdig – beim Rundgang mit dem Besitzer hatte Thomas den Eindruck: Das wäre genau das Passende für meine Jungen! Vorsichtshalber erkundigte er sich gleich noch, wie es denn wäre, wenn das Haus mal zu klein würde.

‚Ach, das ist überhaupt kein Problem’, erwiderte der Mann vergnügt, denn er witterte ein gutes Geschäft. ‚Schauen Sie sich doch gleich das Nachbarhaus an, und auch noch das daneben und gleich nebenan …’

‚Was, das sind alles Ihre Häuser, die ich eines Tages dazu mieten könnte?’

Thomas konnte es nicht fassen! Im Nu war er Mieter des Hauses, das ihm so gut gefiel und erlangte gleichzeitig das Mietrecht für die angrenzenden Gebäude – obwohl das sicher ein Wunschtraum bleiben musste!

Eins war ihm jetzt absolut klar: Seinen Plan, als Missionar nach China zu gehen, musste er aufgeben. Gott wollte ihn ganz offensichtlich in London haben, hier wartete ganz viel Arbeit auf ihn.

Hatte sein Herr im Himmel ihm nicht versprochen, ihm den richtigen Weg zu zeigen? Wieder einmal hatte er das erfahren und vergaß nicht, ihn dafür dankbar zu loben."

„Danke, Tante Ute", bemerkt Pascal. „Die Barnardo-Stunde bei dir war wieder super!"

Bevor die beiden aufbrechen, erledigen sie noch ihre Aufgabe, das ist diesmal Terrasse fegen und … Löwenzahn aus den Pflasterfugen stechen. So was lieben sie ja nicht gerade, zu Hause drücken sie sich möglichst darum. Doch bei Tante Ute ist das eben Teil ihrer Verpflichtung. Und weil sie noch so viel dabei zu bereden haben, ist die Arbeit halb so schlimm.

Der Mann mit der Laterne

Benni und Pascal sitzen bei Fabers auf der Terrasse und haben jeder einen riesigen Eisbecher vor sich. Genüsslich schlecken sie die Eiskugeln und genießen die frischen Erdbeeren aus dem Garten. Auch das Sahnehäubchen ist nicht zu verachten. Zusehends verschwindet die große Portion.

„So mach ich auch gern meine Hausaufgaben!" Der achtjährige Johannes schmeißt sich auf den freien Gartenstuhl und macht verlangende Augen.

„Mama, darf ich auch?", ruft er durchs offene Küchenfenster.

„Ja, sicher, hol dir auch eine Portion, es ist genug da."

„Mmh, also eigentlich veranstalten wir hier ein Arbeitsessen, ganz exklusiv für die Mitarbeiter unsrer Forschungsarbeit", meint Benni und hofft damit den kleinen Bruder loszuwerden.

„Mitarbeiter? Etwa für euern Laternenmann? Das ha'm wir doch gleich, Sekunde!"

Schon hat Johannes das große Windlicht von der Mauer genommen und spaziert damit auf der Terrasse hin und her: „Guten Tag, meine Herren. Erkennen Sie mich, den Mann mit der Laterne? Dürfte ich gnädigst um einen Eisbecher aus Ihrer Armenspeisung bitten?"

Die beiden biegen sich vor Lachen. Jo hat immer so lustige Einfälle und schauspielert wirklich gut. Auch Frau Faber guckt lachend durchs Küchenfenster und klatscht Beifall.

„Du, ich hab's!" Pascal zuckt unter Bennis Schlag auf die Schulter zusammen.

„Was? Wie man Knochen bricht?"

„Quatsch! Frau Schröder gab doch neulich die Anregung, bei der Präsentation ruhig originelle Ideen einzubauen – und das ist eine!"

Jetzt setzt Pascal eine steife Miene auf und säuselt im Tonfall der Deutschlehrerin: „Würdest du bitte die Freundlichkeit haben, deine sicherlich konstruktiven Ideen zu konkretisieren?"

Gelächter. „Ha, genau Frau Schröder, wie sie leibt und lebt", japst Benni.

„Was meintest du denn nun mit der originellen Idee?", will Pascal wissen.

„Ganz einfach, einer von uns wird sich als ‚Mann mit

der Laterne' verkleiden, Mantel, altmodischer Hut, Brille. Der andere kann ihn dann befragen. So ein Interview kommt immer ganz gut an, auch bei den anderen, die das besser finden als ein trockenes Referat. – Mama, dürfen wir dafür deine Gartenlaterne ausleihen?"

„Klar doch, ich finde das richtig gut!"

Pascal wundert sich ein bisschen, dass die ganze Familie Faber so gut über ihr Thema informiert ist. „Na ja, weißt du, ich erzähle immer so gern alles, von der Schule und so. Dabei sitzen wir manchmal endlos am Tisch, Jo hat dann seine Ulknummern drauf und Sylvi amüsiert sich total."

„Sylvi? Wer ist das denn? Wie viele Geschwister hast du eigentlich?"

„Bloß die beiden, Johannes und Sylvi. Du wirst Sylvi auch noch kennenlernen. Wie wär's eigentlich? Wir haben doch nächste Woche den unterrichtsfreien Tag …"

„Wieso überhaupt? Ich hab das nicht so richtig mitgekriegt."

„Ne große Lehrerkonferenz, glaube ich. Na, jedenfalls ist kein Unterricht. Kommst du zu mir zum Übernachten?"

„Das wär' Klasse, meine Schwestern dürfen heimfahren und ich konnte mich noch nicht so richtig entscheiden. Letztes Mal war dicke Luft, das brauch ich nicht so wirklich."

Benni fragt natürlich zuerst seine Mutter, die gerne einverstanden ist. Als sie mit ihrer Arbeit fertig sind, brausen sie los zum Kinderdorf, um dort für Pascal um Erlaubnis zu bitten.

Zoff mit den Mädchen

„Wir waren lange nicht mehr schwimmen. Was haltet ihr davon, heute ins Aquarena zu gehen?“, schlägt Frau Faber vor, als sie mit Benni, Pascal, Sylvi und Jo am Frühstückstisch sitzt.

„Ja, gerne, Schwimmen wäre nicht schlecht“, erwidert Benni, „aber wir sollen auch an der Aufgabe weiterarbeiten, nämlich …“

„Als ob wir das nicht wüssten“, meint Jo etwas bissig. „Was schon, außer dem Mann mit der Laterne?“

„Stimmt, wir haben so schrecklich viel Notizen von Tante Utes Erzählen, das wir kaum noch nachkommen. Sortieren, auf Karteikarten schreiben, das braucht ganz schön Zeit“, stöhnt Benni.

„Also nix mit Schwimmbad für euch beide, sehe ich das richtig?“

„Im Prinzip schon. Aber andererseits: Wir können ja nicht den ganzen Tag arbeiten.“

„Bravo“, murmelt Bennis Mutter. „Es geht doch nichts über eine kluge Zeiteinteilung.“

Sie einigen sich, sofort loszufahren und am Nachmittag weiter zu „büffeln“. Sylvi bietet an, für alle Pizza zu backen und erhält begeisterte Zustimmung. Jo behält sich allerdings vor, seinen Teil selbst zu belegen, mit extra viel Salami. Auch das wird genehmigt und man kann befriedigt starten.

Im Schwimmbad treffen Pascal und Benni zwei Mitschülerinnen, die das Frozzeln nicht lassen können: „Sieh mal einer an, Dr. Barnardo und sein Kollege. Erstaunlich, dass ihr Streberchefs Zeit zum Schwimmen habt! Aber Bewegung war ja schon immer gesund fürs Hirn!“

Annika und Jenni gehören zu den guten, fleißigen Schülerinnen, Lichtblicke für die Lehrer. Dadurch sind sie natürlich nicht sonderlich beliebt, bei den Jungen schon gar nicht. Die Mädchen werden deshalb schon mal als „Schleimer“ beschimpft. Jetzt nutzen sie die Gelegenheit, um sich zu revanchieren.

Benni, der sonst nicht auf den Mund gefallen ist, fällt keine schlagfertige Entgegnung ein. Es stimmt ja, dass sie plötzlich so richtig in Deutsch loslegen. Die Geschichte hat’s ihnen wirklich angetan. Aber das hat doch nichts mit Strebertum zu tun!

„Pech für euch, wenn euer Charlottenroman zu kitschig wird. Damit werdet ihr keinen Blumentopf gewin-

nen, schon gar nicht den Schulnamen“, platzt Pascal raus und ist selber erschrocken. „Mist, das hätte ich besser nicht gesagt“, fährt es ihm durch den Kopf. Aber zu spät, die beiden Klassenkameradinnen lassen das nicht auf sich sitzen: „Das werden wir ja sehn, ob ihr mit eurer doofen Doktorarbeit auch mal auf einen grünen Zweig kommt, gebrauchen könnt ihr ja wirklich zur Abwechslung mal ne gute Note. Also dann, viel Erfolg!“ Schnippisch drehen die Mädchen ab und lassen zwei verblüffte Schüler zurück. Was für eine Kampfansage!

Mit mutigen Sprüngen, die das Wasser hoch aufspritzen lassen, verscheuchen sie ihre unangenehmen Gedanken, so gut es geht. Trotzdem fühlen sie sich nicht ganz wohl. Dazu verärgern sie auch noch die Damen von der Wassergymnastikgruppe, die brav ihre Übungen ausführen.

„Huch, meine Dauerwelle!“, ertönt eine gereizte Stimme.

„Was gehen uns die dämlichen Dauerwellen an, sollen sich doch nicht so anstellen“, brummelt Benni.

Pascal sieht das genauso. Keiner von ihnen hat mehr Lust zum Schwimmen und sie gehen bald in die Kabinen.

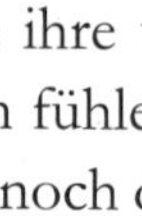

Bei Fabers dringt ein köstlicher Geruch aus der Küche.

„Hmm, hoffentlich hast du genug gebacken, Sylvi“, japst Benni. „Schwimmbad macht immer so hungrig!“

Schnell drücken sich die Jungen auf die Eckbank in der geräumigen Wohnküche. Sylvi hantiert geschickt mit den Backblechen, eins war natürlich nicht genug.

„Super, du hast an meine Salami-Ecke gedacht!“, freut sich Jo und klatscht vor Begeisterung in die Hände.

„Na ja, sollte ich denn warten, bis du heißhungrig hier ankommst und deine Pizza selbst belegst? Das hättest du ja kaum überlebt, noch so lange auf dein Essen zu warten, oder?“

Jo grinst ein bisschen verlegen. „Stimmt! Und du bist einfach ´ne super Pizzabäckerin, kann so bleiben!“

Das ist nicht übertrieben, alle loben die gute Köchin, die mit ihrem Rollstuhl zwischen Herd und Tisch hin und her gleitet. Pascal beobachtet das ziemlich erstaunt und merkt gar nicht, dass er das Mädchen unentwegt anstarrt. Sie hat es ganz selbstverständlich registriert und spricht ihn freundlich an: „Wunderst du dich über meinen Rollstuhl oder über meine Kochkünste?“

Pascal fühlt sich ertappt und druckst ein bisschen rum. „Ja, die Pizza ist wirklich spitze, das Beste, was ich mir denken kann. Nix gegen Tiefkühlpizza, aber deine ist schon eine extra Klasse. Ja, und mit dem Rollstuhl, ich hab das neulich nicht mitgekriegt. Hattest du einen Sportunfall?“

Sylvi lacht laut auf. „So könnte man sagen. Der ist aber sehr früh passiert. Genau genommen vor meiner Geburt!"

Pascals Gesicht sieht aus wie ein großes Fragezeichen, aber Sylvi hilft ihm schnell. „Nicht wirklich ein Unfall. Es ist nur so, dass bei meiner Geburt nicht alles so in Ordnung war, wie es eigentlich bei einem Baby sein müsste. Meine Wirbelsäule hat sich im Mutterleib anders entwickelt, deshalb ist ab einem bestimmten Punkt bei mir alles gefühllos, sozusagen gelähmt, verstehst du? Die Ärzte nennen die Krankheit Spina bifida, das hab ich früher mal aufgeschnappt und deshalb überall von meiner Spinatkrankheit erzählt. Wenn's dich interessiert, zeig ich dir's auf einem Schaubild im Biobuch, okay?"

Pascal nickt stumm und lächelt sie dann an. „Find ich aber super, dass du trotzdem so viel machst mit Kochen und so. Warst du deshalb auch nicht mit zum Schwimmen?"

Die Unterhaltung dreht sich noch ein bisschen um Sylvis Handicap und darum, was sie trotzdem alles kann und macht. So bekommt Pascal noch viel Gelegenheit, sich zu wundern. Er ist beeindruckt. Hier sitzt ein Mädchen, das es nicht leicht hat und trotzdem alles andere als zickig ist.

Pascal erzählt nun von einem anderen gehbehinderten Mädchen aus dem Kinderdorf, das aber mit einer Prothese gut zurechtkommt. Sie ist ungeheuer aktiv, auch im Sport. Und alle finden es toll, dass sie für die Paralympics trainiert.

„Kennst du sie vielleicht? Ich meine, weil sie auch …“

Ja, Sylvi kennt Annkatrin vom Sehen, denn sie besuchen die gleiche Schule. Das integrative Schulzentrum ist barrierefrei gebaut und damit die beste Lösung für Schüler mit Gehbehinderung. Nein, einen gemeinsamen Sportkurs haben sie nicht.

„Nee, da bin ich eher eine lahme Ente. Lesen, musizieren und kochen machen mir mehr Spaß. Natürlich müsste ich auch bewegungsmäßig was tun, mal sehen.“

„Mensch, das wäre ein Thema für Thomas!“ Benni guckt erstaunt um sich. Warum lachen die anderen denn alle? Aber es ist auch wirklich toll! Kaum noch ein Gespräch bei Fabers, ohne diesen faszinierenden Mann zu erwähnen. Papa meinte neulich, man könne richtig neidisch werden bei so viel Barnardo-Begeisterung.

„Was hatte Barnardo denn mit Olympischen Spielen für Behinderte zu tun?“, möchte Sylvi wissen.

Nun sind Pascal und Benni in ihrem Element. „Thomas liebte eigentlich jedes Kind. Aber Kinder mit Behinderung hatte er ganz besonders ins Herz geschlossen. In seinem ‚Knabenheim‘ lebte der 5-jährige Jakob, ein blinder Junge. Behutsam tastete er vertraute Menschen ab und konnte dadurch schnell feststellen, um wen es sich handelte. Thomas machte mit ihm gern ein Spielchen, indem er die Stimme verstellte und ganz fremd tat. Wenn aber Jakob den jungen Mann ertastete und dabei an seine Brille kam (ein Kneifer war das, der auf der Nase „kniff"), dann schrie er begeistert: ‚Ich hab's, Doktor Barnardo ist das!'

Billy und George waren ohne Beine geboren. Thomas sah überhaupt kein Problem darin, dass sie mit den anderen Fußball spielten. Er dachte sich eben Hilfsmittel aus und unterstützte die aktiven Jungen. Das war garantiert zu der Zeit ganz außergewöhnlich."

„War er eigentlich Arzt?", fragte Sylvi.

„Hm, das war zunächst ein kleines Problem. Er studierte immer noch Medizin. Wahrscheinlich ging's ein bisschen langsamer als bei andern Leuten, die nicht nebenher nachts mit der Laterne herumliefen, kleine Jungen aufsammelten und ein Kinderheim für sie gründeten. Außerdem hatte Barnardo inzwischen ein riesiges Tanzlokal in ein großes Evangelisationshaus umgewandelt. Dazu …"

„Stopp, das reicht, das war ja echt ein Energiebündel und total arbeitswütig. Woher hatte der nur so viel Motivation?"

„Tante Ute meint, weil er ein ganz überzeugter Christ war. Sie sagt, Thomas Barnardo war innerlich bewegt durch die große äußere und innere Not der Menschen und das setzte ihn in Bewegung. Kaum bekehrt, wollte er auch anderen die frohe Botschaft weitersagen und sie zum Umdenken bringen und überall helfen. Dabei fühlte er sich von Gott geführt. Gott die Führung zu überlassen – das war ihm ganz wichtig."

„Ob das immer so klappt, ich meine, dass Gott immer

sagt, wo's langgehen soll?", fragt Sylvi nachdenklich. Die Jungen wissen darauf auch keine richtige Antwort.

„Wir können heute Abend bei der Andacht danach fragen. Papa und Mama werden's wissen", meint Benni. „In Psalm 32,8 steht übrigens Barnardos Motto, vielleicht bringt uns das auf die Spur."

„Ja, guck doch mal nach", sagt Sylvi.

„Da steht: Ich will dich unterweisen und dich lehren den Weg, den du wandeln sollst. Mein Auge auf dich richtend, will ich dir raten."

Pascal hat noch viel mehr Fragen als die Faber-Kinder. Hier in der Familie und auch bei ihrer Helferin, Tante Ute, erfährt er so vieles, wovon er überhaupt keine Ahnung hatte. Bis jetzt hält er sich bedeckt. Religionssachen sind nicht sein Ding. Seine Mutter hat auch neulich gemeint, er solle sich bloß nicht einwickeln lassen von dem frommen Zeug.

Sylvi lässt sich von der Begeisterung anstecken und beweist ein zweites Mal, dass sie ein guter Kumpel ist. Als nämlich die beiden „Barnardos" über ihren vielen Notizzetteln brüten, schaut sie ihnen über die Schulter:

„Hilfe gefällig? Meine Hausaufgaben sind erledigt." Im Nu schafft Sylvi etwas Ordnung auf dem Tisch. Interessiert beäugt sie die Zettel und liest die Stichworte: Zerlumptenschule, Alkohol, Kanada, Indien, Schuhputzerbrigade, nobodychildren.

„Uff, ihr könnt fast ein eigenes Lexikon rausgeben, das ist ja der Wahnsinn! Wie habt ihr das denn geplant: ein Stichwort geben – bitte Fragen dazu stellen, oder wie?“

„Keine Ahnung“, sagt Benni. „Es werden immer mehr Themen, Unterthemen, Äste und Abzweige auf der Mindmap.“

Pascal seufzt abgrundtief. „Eigentlich müssten wir eine Woche schulfrei haben für so eine Mammutarbeit!“

„Gut, dass wir wenigstens auch in den Unterrichtsstunden daran weiterarbeiten können!“

„Haben die anderen aus eurer Klasse auch so spannende Themen?“, fragt Sylvi.

„Keine Ahnung“, meint Pascal. „Wir sind immer so vertieft, dass wir kaum mitkriegen, über wen die anderen schreiben.“

„Na ja, bis auf die Strebertanten, die wir heute im Schwimmbad trafen. Es ist auch nicht zu überhören, wenn sie mit den Fingern schnipsen, dazu das Gesäusel: ‚Bitte, Frau Schröder, könnten Sie noch mal bei uns gucken? Wir kommen nicht so richtig weiter bei dem Internettext.’

Jeder weiß, dass sie damit noch mehr punkten wollen. Klar, aktive mündliche Mitarbeit macht sich gut. Aber nicht mit uns, wir lassen uns davon nicht beeindrucken.“

So reden sie sich die Köpfe heiß und merken dabei gar nicht, dass es Zeit wird für Pascal. Erst als Frau Faber den Kopf zur Tür hereinsteckt und ihn erinnert, bricht er in

Windeseile auf. Der Rucksack ist schnell gepackt und Pascal verabschiedet sich: „Tschüss, und vielen Dank für alles!“

Schade, die Abendandacht hätte ich gerne noch mitgekriegt“, überlegt Pascal, während er eilig zum Kinderdorf radelt. „Ob wohl Herr Faber eine Antwort auf die wichtige Frage weiß? Soll er Benni morgen danach fragen? Kann man denn einfach so über solche Themen reden? Scheinbar hatte Thomas Barnardo damit überhaupt keine Probleme. Und er war doch ein ganz normaler junger Mann und kein Mummelgreis. Was der Londoner Student konnte, müsste ich doch auch können!“

Sylvi bohrt weiter

Das Mädchen sitzt immer noch über die vielen Kärtchen gebeugt am Tisch.

„Du, Benni, was meint ihr denn mit dem Stichwort ‚Mütterabende'? Passt das überhaupt hierher?"

„Auf jeden Fall. Thomas stellte fest, dass seine Zerlumptenschule nur ein Anfang war, um etwas gegen das Elend in den Familien zu unternehmen. Die Eltern waren mindestens genauso arm dran wie ihre Kinder. So lud er die armen Frauen zu Mütterabenden ein. Barnardo freute sich unheimlich, dass er gute Mitarbeiterinnen fand, die den armen Frauen Kurse im Nähen und Stricken anboten. Ganz wichtig war für ihn, dass die eingeladenen Frauen die gute Botschaft aus der Bibel hörten. So lernten sie den Herrn Jesus kennen."

„Euer Doktor Barnado hatte wirklich geniale Ideen!", meint Sylvi anerkennend. „Es war doch absolut praktisch, wenn eine Mutter lernte, die Kleidung für ihre Familie selbst herzustellen! Das ist doch sinnvoll, das bringt was! So was würde ich auch gerne machen! Kein Vergleich mit den Bastelkursen für Deko-Kram, der nach der Saison weggeschmissen wird. Für die Arbeit könnte ich mich richtig begeistern. Erzähl weiter!"

„Barnardo richtete auch eine Bibliothek für die Frauen ein. Und, ganz wichtig, er machte viele Hausbesuche, denn immer wieder hörte er von Familien, wo Kinder oder auch Erwachsene in größter Not lebten. So kam's ganz von selbst, dass er auch Krankenbesuche machte."

„War er denn inzwischen fertig mit dem Medizinstudium?"

„Eigentlich nicht. Aber die Kranken ließen sich gern von ihm helfen und Thomas Barnardo half bereitwillig, wo er nur konnte. Weil er als Arzt beliebt war, nannte man ihn einfach ‚Doktor Barnardo'. Genau das brachte ihm ganz schön Ärger. Leute, die ihm was anhängen wollten, machten ihm zum Vorwurf, dass er sich einfach als Doktor ansprechen ließe, ohne einen Studienabschluss zu haben. Dabei war das nicht seine Schuld."

„Ist doch genau wie bei unserm Hausarzt", wirft Johannes ein. „Alle Patienten reden von Doktor Fuchs, obwohl das ‚Dr.' gar nicht vor seinem Namen steht. Papa sagt, das hängt mit einer schriftlichen Arbeit zusammen, der ‚Doktorarbeit'. Und die hat er eben nicht mehr geschrieben, das kann ich gut verstehen. Ein Aufsatz weniger im Halbjahr würde mich auch freuen. Hauptsache, guter Arzt. Ist jedenfalls meine Meinung."

Seine Geschwister sehen das auch so. Aber schon ist Johannes beim nächsten Thema: „Ej, was bedeutet das denn hier auf dem Kärtchen ‚Kotkugel'? Kann mir das mal einer verklickern?"

Benni kennt sich aus: „Das gehört zur Geschichte von Charlie Jackson", erklärt er bereitwillig, „ich habe einiges dazu mitgeschrieben, das lese ich euch mal vor:

Charlie stand eines Tages in der Nähe, als Thomas im Freien predigte. Gelangweilt wühlte er mit seinem Fuß im Dreck, dem schlammigen Kot der Straße. Dieser Stoff ließ sich doch richtig gut formen. Wie Knete. Charlie bückte sich und formte eine Menge Dreckkugeln. Es juckte ihn in den Fingern, die Wurfgeschosse auszuprobieren und ‚Patsch' landete die erste auf einem von Thomas' Mitarbeitern, der erschrocken zusammenfuhr. Hei, das machte Lust auf die Nächste und noch eine und … alle Helfer kriegten seine stinkenden, ekligen Ladungen auf die Kleider und ins Gesicht. Brr, sie schüttelten sich bestimmt vor Ekel und versuchten, zwischendurch das Schlimmste mit den Taschentüchern abzuwischen.

Aber der kleine Student predigte unverdrossen weiter, bis Charlie genau auf ihn zielte. In dem Moment, als Thomas betete, schoss die Dreckkugel mitten in seinen Mund. Die Zuhörer grölten vor Lachen, Thomas spuckte und wischte, bis eine mitleidige Frau ein Glas Wasser brachte und er ausspülen konnte.

Aber jetzt kommt's: Thomas erzählte abends in der Zerlumptenschule von dem Vorfall. Er hatte das natürlich nicht so schnell weggesteckt und die Jungs waren recht betroffen von so viel Gemeinheit. Das hatte er nicht verdient, der kleine Lehrer, der es so gut mit ihnen meinte!

Da gibt sich plötzlich zu Thomas' großem Erstaunen ein blasses Bürschchen zerknirscht als der Übeltäter zu erkennen. Thomas vergibt Charlie von Herzen und nimmt sich in Zukunft des Jungen ganz besonders an. Sein Erbarmen lässt keinen Hass, keine Verachtung für die Straßenkinder zu.

Zu genau kennt er die Ursachen, die Hintergründe und – er weiß, dass ihm selbst so viel vergeben wurde. Sollte er unbarmherziger sein?

So kommt es, dass er gerade den Dreckwerfer in seinen Lieblingsplan einweiht, das Heim für ‚seine' Jungen: ‚Könntest du dir vorstellen, dort zu wohnen?'

Charlie weiß nicht, was er sagen soll. Eine solche Umgebung kann er sich kaum vorstellen, geschweige denn, dass ausgerechnet er dort leben soll!

Und doch erfüllt sich eines Tages dieser Traum! Charlie wird ins Heim aufgenommen, das aber für ihn nur eine Übergangsstation darstellt. Thomas begegnet einem

Offizier, der in Indien stationiert ist und darum bittet, einen von Barnardos Jungen mitnehmen zu können.

Überglücklich macht Charlie die weite Seereise und Thomas erfährt später, dass es ihm gut geht. Als junger Christ wurde Charlie bis zu seinem frühen Tod ein guter Diener und Bote des Herrn Jesus."

„Das war ja eine ganze Lebensgeschichte! Steht das alles in Tante Utes Buch? Meine Bücher haben eher so ausgedachte Geschichten, sodass dir zwar fast die Luft wegbleibt vor Spannung und es überall kribbelt. Aber am Schluss denk ich oft, dass doch nur alles gesponnen ist. Passiert denn im wirklichen Leben nicht Aufregendes genug?

Bei eurem Doktor Thomas scheint das ja der Fall zu sein, schade, dass er nicht mehr lebt. Mit so einem faszinierenden Mann hätte ich gern mal gesprochen, ihn nach allem ausgefragt!"

„Du wirst am besten Journalistin, das ist doch so ein Ausfrageberuf, oder?", empfiehlt ihr kleiner Bruder und hat tatsächlich damit bei seiner Schwester einen Funken gezündet.

„Und du, Benni, wirst bestimmt eines Tages Deutschlehrer, wenn das so weitergeht", gibt Sylvi den Ball an den älteren der beiden Jungen weiter.

Benni ist für Sekunden sprachlos, doch dann fasst er sich schnell: „Sag mal, hast du Fieber? Ich und Deutschlehrer! Das wär´ das Allerletzte!"

Doch seine Schwester hat sich das gut überlegt: „Seit ihr dauernd zu Tante Ute geht, sprichst du total anders, so hochdeutsch, fast schon wie ne wandelnde Grammatik. Aber das ist ja kein Fehler, ganz im Gegenteil, ein ganz neuer Glanz in unsrer Hütte, ich bin stark beeindruckt."

Nach dieser langen Rede seiner großen Schwester fällt Benni nichts mehr ein. Man hört nur noch ein Gemurmeltes wie „ … Schuhe noch schnell abholen" und schon ist er verschwunden.

Ach so, eine Besorgung für Tante Ute, alles klar!

Traumberuf Schuhputzer?

Heute machen Pascal und Benni ihre Hausaufgaben im Kinderdorf. Auf dem Arbeitstisch liegt die große, farbige „Gehirn-Landkarte“ und in der Mitte prangt unübersehbar der allen inzwischen so geläufige Name.

Ingo Kügler, der Hausvater, guckt ihnen interessiert über die Schulter.

„So was kannten wir als Schüler nicht, wir mussten immer eine Gliederung für die Aufsätze schreiben. Aber eure Methode leuchtet mir ein, so könnt ihr alle Einfälle gleich in der Mindmap festhalten und habt es sehr übersichtlich. Und wie man sieht, seid ihr begeistert bei der Sache!

Doch ich muss trotzdem mal kurz stören. Pascal, denkst du daran, dass du heute mit Schuhe putzen an der Reihe bist? Ich hab eben noch mal in den Ämterplan reingesehen, nur eine kleine Erinnerung!“

Bisschen dumm jetzt, denkt Pascal, passt nicht so perfekt. Aber was sein muss, muss sein.

Benni schaut verschmitzt, denn er errät Pascals Gedanken.

„Ach, wenn wir doch eine Schuhputzerbrigade hätten!“, flötet er.

„Eine was?“, fragt Ingo verblüfft. „Eine Brigade, sagtest du?“

„Hm.“ Jetzt ist's an Pascal, belustigt zu schmunzeln. Bereitwillig erklären sie, was es damit auf sich hat:

„Angeregt durch den eifrigen Lord Shaftesbury, der schon die originellsten Ideen umgesetzt hatte, gründete Thomas Barnardo diese Schuhputzer-Truppe. Er fand es sehr wichtig, dass die Jungen nicht nur im Heim schliefen und aßen, sondern auch Aufgaben hatten und zum Lebensunterhalt beitrugen. Sie sollten erfahren, wie man durch seiner Hände Arbeit Geld verdienen konnte, auch wenn es nicht viel war. Die Jungs bekamen eine chice Uniform und einen Kasten mit Schuhputzutensilien, dann konnten sie losziehen.“

Ingo nickt anerkennend: „Das war schon fast druckreif, gut gemacht!“

„Wer braucht denn schon Schuhcreme und so ein Zeug? Ich schmeiß meine Turnschuh doch auch in die Waschmaschine!“ Das kommt von Annabelle, die neugierig näher getreten ist.

„Vergiss es, Anna. Ina wird dir schon erzählen, wie der Schuhputzdienst in der Kinderdorffamilie geregelt ist.

Drücken gilt nicht!“ Pascal wohnt schon länger in Küglers Familie und kennt sich aus. Annabelle probiert immer wieder, ihren Kopf durchzusetzen und protestiert gegen die Ämterpläne:

„Unsere Mama sagt auch, Schuhe putzen lohnt nicht, die gibt’s billig im Aldi.“

Till will sie unterstützen und äußert sich zum Schuhputzerjob: „Millionär kannste auf keinen Fall werden mit so einer Drecksarbeit, nee, danke!“

Das Thema lockt offenbar ein Kind nach dem andern aus seiner Ecke und jeder muss seinen Senf dazu abgeben.

„Wann erzählt ihr denn endlich weiter?! Bin schon gespannt auf den Schluss!“ Felix drängelt sich an den andern vorbei und stützt sich auf die Tischplatte. Mit glänzenden Augen wartet er auf die Fortsetzung.

„Damals waren die Straßen natürlich noch nicht so sauber wie heutzutage“, erklärt Benni. „Nicht geteert und auch nicht gefegt. Ihr müsst euch vorstellen, dass zwar manche der breiteren Straßen gepflastert waren, aber nicht die engen Gassen der armen Leute. Im Sommer Staub, im Herbst Schlamm und im Winter schmutziger Schnee. Dazu kam, dass die Anwohner nicht nur ihre Abfälle, sondern auch – haltet mal kurz die Luft an – auch den Inhalt ihrer Nachttöpfe unbekümmert auf die Gasse kippten! Das alles mischte sich zu einem unbeschreiblichen stinkenden Schmier. Wer da durchwaten musste, hätte dringend Gummistiefel gebraucht, aber die kannte man noch nicht, leider.

Die aufwändig hergestellten Lederstiefel der Reichen sollten lange halten und dafür brauchten sie gute Pflege: Schmutz abbürsten, Leder fetten und polieren.

Stellt euch vor, da spazierte ein feiner Herr durch die Stadt zu einem wichtigen Termin und stellt bestürzt fest, dass seine Schuhe unmöglich aussehen! Zu seinem großen Glück steht an der Ecke ein kleiner Schuhputzer, der seine Dienste anbietet:

‚Kommen Sie hierher, mein Herr! Niemand putzt Ihre wunderschönen Schuhe so auf Hochglanz wie ich, und alles für nur einen Penny!'

Das ließ sich Mister X doch nicht zweimal sagen! Schon stand der erste Fuß auf dem Holzkasten, der gleichzeitig Materialkiste war. Eifrig putzte der Kleine, bis beide Schuhe spiegelblank waren und der feine Mister selbstbewusst zu seinem Termin aufbrechen konnte. Die kleine Münze hatte ihm nicht wehgetan, aber dem fleißigen Jungen viel gebracht.

Von ihrem Verdienst bezahlten sie in kleinen Beträgen die Uniform ab, die damit ihr Eigentum wurde."

„Toll! Habt ihr in der Schule einen Film über den Dr. Barnardo gesehen oder woher wisst ihr so gut Bescheid?"

Felix ist wirklich beeindruckt, er schätzt eine gute Story über alles.

Die Erzähler lächeln verschmitzt: „Kleines Betriebsgeheimnis! Wir haben so unsere Quellen!“

Auch Susa Kügler, die Kinderdorfmutter, hat sich unter die Zuhörer gemischt. Nachdenklich beobachtet sie das Interesse und die Konzentration der sonst so verschiedenen Kinder. Da sind welche mit sehr guten Schulleistungen und andere, die's beim Lernen schwerer haben, aber in den letzten Minuten waren sie alle voll dabei, das ist hochinteressant. Und das bei ganz normalem Erzählen. Sollten sie es damit auch mal wieder versuchen?

Pascal fällt auf, dass er super aufmerksame Zuhörer hat. So ruhig ist es hier wirklich selten. Als er mal kurz mit Susa alleine ist, kommt ihm eine Idee: „Was hältst du davon, wenn wir Tante Ute hierher einladen? Ich hab das Gefühl, den andern macht das Erzählen auch Spaß, und sie kann's wirklich gut!“

Wie kommt man in die Diebesküche?

Und wirklich: Susa hat überhaupt nichts dagegen, sie hatte auch in diese Richtung gedacht. Schon in der nächsten Woche steht Tante Ute an der Tür, als die Hausmutter öffnet. Sprachlos starren sie sich an, kann das denn möglich sein? Pascal hat den Termin ausgemacht und jetzt stellen sie überrascht fest, dass sie sich kennen.

„Du bist Tante Ute?", sagt die eine und gleichzeitig fragt die andre:

„Seit wann bist du Kinderdorfmutter?" Das hört sich so lustig an, dass beide Frauen losprusten und alle Kinder mit, die dabeistehen. Die Frauen haben eine Menge zu erzählen und zu fragen.

„Aber dass wir uns als ehemalige Klassenkameradinnen durch Pascal wiederfinden würden, wer hätte das gedacht!", sagt Tante Ute lachend und legt den Arm um den Jungen, dem das etwas peinlich ist. Wer ihn so sieht, nur das nicht!

„Willst du heute schon anfangen oder erst mal reinschnuppern, Haus ansehen und Kinder kennenlernen?“

Ach nein, Tante Ute fackelt nicht lange. Sie möchte möglichst bald starten und weiß, dass sie die Kinder erleben wird, viel besser als durch gegenseitiges Vorstellen.

In der behaglichen Sitzecke stellt sie ein großes Bild auf eine Staffelei. Es zeigt eine heruntergekommene Straße im alten London, zerlumpte Gestalten, die auf ein ärmliches Haus zugehen. Alles in düstern Farben. Schmutzig, trostlos, elend.

Während sie ihre Vorbereitungen trifft, setzen sich schon die ersten Kinder aufs Sofa und warten gespannt auf das, was kommt. Susa zieht die Vorhänge zu und entzündet einige kleine Lämpchen, sodass die Schatten auf das Bild fallen und es richtig lebendig wirken lassen.

„Wie ihr seht, steuern die Leute auf dem Bild alle auf dieses Haus in der Mitte zu, ein sogenanntes Logierhaus. Was das ist? Nun, wir würden es heute wohl Obdachlosenasyl nennen, sagt euch das was?“

„Klar, da schlafen doch die Penner, wenn's unter der Brücke zu kalt wird“, weiß Felix. „Auf meinem Schulweg, da pennen die unter der Brücke, in der Unterführung. Voll der Siff, da unten an der Dreckbrühe, da laufen bestimmt auch Ratten rum.“

Roxanna kennt sich aus und meint ein bisschen stolz: „Mein Opa ist auch Penner, das weiß ich von meiner Mama.“

„Waaas? Du bist mit einem Penner verwandt? Mit so 'ner Schnapsdrossel? Typisch Mädchen.“ Till lacht so spöttisch, dass Roxanna ganz ängstlich guckt und sich in ihre Ecke kuschelt. Hat sie was Falsches gesagt? Aber dann hört sie gespannt zu, was Tante Ute erklärt.

„Manche Leute werden obdachlos, weil sie ihren Arbeitsplatz verloren haben und dann nicht wieder Fuß fassen. Das geht ganz schnell und kann sehr unterschiedliche Gründe haben“, erklärt sie ganz ruhig. „Und es ist gut, dass es Übernachtungshäuser gibt, die natürlich heute ganz anders aussehen als vor fast zweihundert Jahren in England.

Wichtig ist, dass die Obdachlosen ein warmes Essen und einen Platz zum Übernachten bekamen. Aber da hatte nicht jeder ein Bett für sich alleine, wie wir es kennen, sondern sie teilten ein Lager mit irgendeiner Person, die sie vorher nie gesehen hatten. Das Bettzeug war keineswegs frisch gewaschen, sondern hatte die Flecken und den Gestank der Leute, die vorher darin geschlafen hatten, vor allem Blutflecke und verschmierte Spuren von Ungeziefer, Läusen, Flöhen, Wanzen und anderen Tierchen, deren Namen ich nicht mal kenne!“

„Iiih, wie kann man nur da schlafen, das tät ich nie!“

„Ich auch nicht. Und doch gab es einen Mann, der sich freiwillig dazu bereit erklärte. Er hieß Thomas Barnardo!“

„Ach, den kennen wir doch schon!“, ruft Felix. „Über

den schreiben Pascal und sein Freund eine Deutscharbeit."

„Genau!" Tante Ute grinst. „Also, Thomas Barnardo traf einen kleinen Jungen, der viele dieser Logierhäuser im alten London kannte. Er war ja froh, wenn er nachts in ein Bett schlüpfen konnte. Das war in jedem Fall besser, als auf einer Müllhalde oder unter einer Brücke zu übernachten.

Ja, der kleine Junge kannte sich gut aus und erzählte seinem neuen Freund Thomas von einem besonders noblen Logierhaus mit lilienweißen Bettlaken! Es sei einfach Spitzenklasse, das müsse man erlebt haben!

Weil Thomas möglichst viel über das Leben der Straßenkinder erfahren wollte, ging er tatsächlich eines Nachts mit dem Jungen dorthin.

Blütenweiße Bettwäsche? Na, darunter stellte Doktor Barnardo sich eigentlich etwas anderes vor. Die beiden wurden zu einem freien Bett geschickt, das genauso aussah, wie ich es vorhin beschrieben habe: graugelbbraun, mit Blutgeschmier und anderen Flecken unbekannter Herkunft übersät, brr! Thomas schauderte vor Ekel, aber er zog die Sache tapfer durch. Vor Erschöpfung schlief er auch sofort ein, denn er war ja jeden Tag viele, viele Stunden auf den Beinen und in Aktion. Mitten in der Nacht wurde er wach. Er hatte so fürchterlich geträumt. Thomas entzündete ein Licht und sah entsetzt und voller

Ekel, dass Betten, Fußböden und Menschen schwarz schimmerten von Herden krabbelnden Ungeziefers!

Nein, keine Minute blieb er mehr an diesem fürchterlichen Ort, er hatte die Nase voll! Schnell weckte er seinen protestierenden Begleiter, und dann ging's im Eiltempo heim, um noch eine Stunde Schlaf zu kriegen."

„Was, schon fertig? Wir wollen noch weiter hören, bitte!", rufen die Kinder durcheinander. Tante Ute lässt sich gern erweichen, sie würde am liebsten noch stundenlang erzählen. So gibt es wenigstens noch einen Vorgeschmack auf die nächste Geschichte: „Thomas erfuhr, dass sich in einem dieser Logierhäuser die sogenannte ‚Diebesküche' befinden sollte. Ihr werdet euch fragen, was dort wohl gekocht wurde? Eigentlich nur das einfache Essen für die Übernachtungsgäste, aber außerdem war die Küche anscheinend Treffpunkt für allerlei Gesindel. Er wollte sich die Sache unbedingt aus der Nähe ansehen – doch wie sollte er dort hereinkommen? Das war nämlich gar nicht so einfach. Aber damit fängt eine neue Geschichte an, die ich euch beim nächsten Mal erzähle, sonst wird's heute zu spät."

Der König der Diebe

Eines Nachmittags sind Benni und Pascal mit ihren Fahrrädern unterwegs. Vor dem Eingang des Supermarkts hocken sie auf ihren Drahteseln und sind gerade damit beschäftigt, ihre frisch erworbenen Kaugummis auszupacken, als eine Dame mit einem hoch beladenen Einkaufswagen an ihnen vorüberrollt.

„Hallo! Tante Ute!", ruft Benni begeistert. Täuscht er sich nur oder dauert´s wirklich einen winzigen Moment länger als sonst, bis Tante Utes Lachfältchen in ihrem Gesicht erscheinen. „Seit wann kaufst du wie für eine Großfamilie ein?", kann sich Pascal einen Kommentar zu dem Lebensmittel-Berg nicht verkneifen. Die Jungen helfen unter viel Gekicher, alles in Beutel und Taschen zu verstauen und im Kofferraum ihres Wagens unterzubringen. Ob sie ihre Wintervorräte anlegt oder bereitet sie sich auf einen langen Campingurlaub vor?

Doch Tante Ute verrät nichts, scheinbar hat sie ein schönes Geheimnis, denn sie lächelt stillvergnügt. „Hoffnungslos, weiter nachzufragen“, denken die beiden und fahren noch ein Stück hinter ihr her, bis sie klingelnd abbiegen in Richtung Kinderdorf.

Immer wieder haben die Kinderdorfkinder gefragt, wann denn Tante Ute nun endlich mal wieder kommt. Sie warten doch auf die Fortsetzung der spannenden Geschichte! Endlich finden sie einen Abend, der für alle passt. Kaum ist Tante Ute im Haus, werden auch schon die Sessel und Sitzkissen zu einer gemütlichen Runde gestellt. Ein bisschen Streit um die besten Plätze, etwas Geschubse – doch dann wird's mucksmäuschenstill. Die Erzählerin hat ruhig dabeigesessen und gewartet, bis alle so weit sind.

„Habt ihr das auch schon mal erlebt, dass ihr unbedingt irgendwo rein möchtet und nicht eingelassen werdet?“, beginnt Tante Ute und schaut vielsagend in die Runde, bevor sie fortfährt: „Stellt euch vor, Thomas Barnardo hat immer wieder versucht, in das Übernachtungshaus von Drury Lane zu gelangen. Aber da stand ein riesengroßes Hindernis in Gestalt eines Türhüters. Der Mann war so groß, dass man Angst vor ihm bekommen konnte. Immer, wenn Thomas in die Nähe kam, scheuchte ihn der Riese fort und sah dabei so grimmig aus, als wenn er ihm alle Knochen brechen wollte.

Auch heute musste Thomas an ihm vorbei, er stand genau vor der Tür und hatte bestimmt den Medizinstudenten längst erkannt. Was trieb der sich auch immer in dieser Gegend rum, wo er doch überhaupt nichts verloren hatte! Schon wollte Thomas unauffällig am Haus vorbeischleichen, als er plötzlich etwas ganz Neues entdeckte: Der riesengroße Kerl sah heute irgendwie anders drein als sonst, beinahe freundlich. Was war denn jetzt passiert?

O Wunder, der Riese winkte dem jungen Mann zu, er solle nur näher kommen. Wenn das nur nicht eine Falle war! Konnte er dem Türhüter trauen, oder würde er jetzt richtig Ärger bekommen?

Gespannt ging Thomas zu ihm hin.

„Sind Sie Arzt?“, hörte er den Riesen fragen.

„Eigentlich nicht“, erwiderte Thomas mit klopfendem Herzen. „Ich studiere noch.“

„Aber Sie verstehen was von Medizin?“

Das bejahte Thomas. Er wurde immer neugieriger. Der Riese brauchte anscheinend seine Hilfe: „Wir haben im Haus einen kranken Jungen“, begann dieser vorsichtig. „Wenn’s was Ansteckendes ist, kriegen wir ein Problem, dann darf nämlich keiner mehr raus oder rein. Alles muss isoliert werden, kapiert?“

Thomas verstand die Sorge des Türhüters. Eine Quarantäne in der Diebesküche wäre nicht angenehm!

Natürlich war er sofort bereit, den Jungen zu untersuchen. Endlich kam er in dieses Haus, das ihn so brennend interessierte!

Der plötzlich so freundliche Türhüter führte ihn eifrig zu einem Schlafsaal mit achtzehn Betten. Von den Jungen oder besser Jugendlichen, die dort schliefen, war noch keiner zwanzig Jahre alt. Die armen Kerle lagen nackt im Bett, keiner von ihnen besaß einen Schlafanzug.

„Der Arzt kommt!“ – Neugierig setzten sich einige auf. Der Besuch versprach ein bisschen Abwechslung.

Sehr höflich führte der Türhüter den „Doktor“ in eine Ecke zum Bett des Patienten: ein hübscher Kerl, jünger als die andern mit nettem Gesicht. Sollte er wirklich schwerkrank sein?

Gespannt wartete der Riese auf das Ergebnis der Untersuchung. „Ist es schlimm?“, fragte er ängstlich.

„Aber nein!“, Thomas konnte ihn beruhigen, es handelte sich um normales Fieber. Er würde aber ganz sicherheitshalber morgen wieder vorbeikommen, um nach dem Kranken zu sehen. „Solange muss er unbedingt im Bett bleiben, am besten auch noch, bis das Fieber verschwunden ist. Falls noch andere Krankheitszeichen dazukommen, man kann nie wissen!“

Der Türhüter war hocherfreut, dass Thomas am nächsten Tag wiederkommen und auch noch ein Medikament mitbringen wollte. Damit war er mit seinen Schützlingen auf der sicheren Seite. Der Mann hatte nämlich große Angst vor der Polizei, die das Haus schließen würde, wenn eine ansteckende Krankheit auftauchte, bloß das nicht!

Nicht nur der Riese war glücklich, sondern mindestens genauso unser Thomas. Endlich, endlich hatte es geklappt, dass er in die ‚Diebesküche' eingelassen wurde!

Natürlich kam er am nächsten Tag wieder. Das fiebersenkende Medikament und kalte Fußwickel würden dem Jungen bestimmt rasch helfen. Und Thomas versprach, abends noch mal nach ihm zu sehen. Wie dankbar war der Türhüter dem besorgten Doktor!

Als er im Vorbeigehen in die Küche schaute, sah er Leute, die sich schnell verdrücken wollten, als sie ihn bemerkten. Was hatten sie zu fürchten?

Später kam er dahinter, dass die Diebe ihre geklauten Sachen in der Küche an ihre Kunden weiter verkauften. Weil das natürlich streng verboten war, sowohl das Stehlen als auch der Weiterverkauf – man nennt das Hehlerei –, geschahen die Geschäfte an diesem versteckten Ort und selbstverständlich nachts.

Thomas hatte die Augen offen, um möglichst viel in dem schlimmen Haus mitzukriegen. Dem Kranken versprach er, ihm beim nächsten Besuch etwas vorzulesen. Eine Geschichte? O ja, genau das Richtige für ihn.

Und so kam es, dass Thomas Barnardo das Buch ‚Onkel Toms Hütte' mitbrachte."

Juliana Kügler hat bis jetzt jedes Wort von Tante Ute förmlich in sich aufgesogen, durch nichts abgelenkt. Auf einmal platzt sie dazwischen, sodass alle erschreckt zusammenzucken: „Wie meine Matroschkapuppe!"

Tante Ute guckt erstaunt an sich runter und überlegt: „Meint die Kleine meinen bunten Rock?" Juliana ist aufgesprungen, rennt in ihr Zimmer und kommt mit der hölzernen Puppe zurück, die mal jemand von einer Reise mitbrachte. Schnell schraubt sie die beiden Teile der rundlichen Figur auseinander, holt die kleinere Puppe, öffnet auch diese und so immer weiter. Schließlich stehen sieben Püppchen, eine immer kleiner als die andere, auf dem Couchtisch.

„Und was soll das jetzt?" Pascal schaut leicht verwirrt von den Püppchen auf das kleine Mädchen und wieder zurück. Er hat ausgesprochen, was auch die anderen bewegt.

Juliana zeigt auf Tante Ute und erklärt: „Die Frau ist auch so eine. In der drin ist die Geschichte von dem Thomas und der Thomas erzählt dem kranken Jungen auch eine Geschichte und vielleicht steht in dem Buch auch wieder eine neue Geschichte und dann …"

Die größeren Kinder wiehern vor Lachen, weil die Kleine sich so in Eifer redet und sie den Vergleich auch ‚typisch Juliana' finden, die hat die komischsten Ideen.

„Können wir denn jetzt weiterhören?" Till und Felix

sind doch sooo gespannt, was alles in der Diebesküche passiert.

„Ja, das müssen wir unbedingt noch fertig erzählen, sonst schlaft ihr heute Nacht nicht, stimmt's?

Also, die Geschichte, die Thomas Barnardo mitbrachte, traf genau ins Schwarze bei den großen Jungen in der Diebesküche. Es hatte sich irgendwie rumgesprochen, dass der Doktor vorlas und einer der Jungen nach dem andern hatte sich in den Schlafsaal geschlichen. Ungefähr zwanzig von ihnen saßen auf den Betten und hörten zu, nachdem sie höflich um Erlaubnis gefragt hatten. Aber ja, sicher durften sie bleiben! Sie ahnten ja nicht, wie sehr sich der Vorleser über die Zuhörerschar freute.

Zwischendurch versorgte er den Kranken und wollte dann aufbrechen. Aber die Jungen bettelten: „Bitte, können Sie noch weiterlesen?"

Nichts lieber als das.

So kam Thomas Barnardo immer wieder in das Logierhaus, oft sogar zweimal täglich. Der früher so gefürchtete Riese und die Bewohner vertrauten ihm, sie freuten sich über seine Besuche und seine Geschichte.

Eines Tages fiel ihm in der Küche ein Junge auf, den er noch nie hier gesehen hatte. Der ungefähr 17-Jährige schien irgendwie etwas Besonderes zu sein, mit seinem hübschen Gesicht und den feinen Händen. Wer war das und was tat er hier?

Schon kamen seine Jungen ihm entgegen. „Da sind Sie ja! Wir warten schon, auch der kranke Tom will wissen, wie die Geschichte weitergeht!"

Thomas dachte auch beim Vorlesen noch an den unbekannten Jungen, der in der Küche seinen Hering gebraten hatte. „Wer war das eben? Was wisst ihr über ihn?"

„Ach, er meint Punch". „Ja, ja, das ist Punch!", riefen sie durcheinander.

Aber Barnardo konnte mit dem Namen nichts anfangen, bis sie ihn aufklärten: „Punch ist unser Anführer. In ganz London gibt es keinen Jungen, der sein Handwerk so gut versteht wie er."

Sein Handwerk?

„Er stiehlt so viel wie zwölf andere zusammen und hat sich noch nie erwischen lassen!"

Aha, das war das Geheimnis der Diebesküche. Thomas war sehr traurig, dass die jungen Kerle vom Diebstahl lebten. Hier saßen sie doch wie die Lämmchen und hörten ihm zu, und es dauerte nicht lange, bis auch Punch dazu kam.

So ging es noch an vielen Abenden, die Jungen konnten nicht genug hören vom Leben der armen gequälten Sklaven in Nordamerika. Am liebsten hätten sie noch ein weiteres Buch vorgelesen bekommen oder sie dachten wie Tom: „Wenn ich doch auch lesen könnte!"

Denn das konnte keiner von den jungen Dieben, nicht einmal ihr Chef Punch. Könnten sie's denn vielleicht noch lernen?

Thomas bot ihnen an: „Wenn ihr mit dem Stehlen aufhört, nehme ich euch in mein Heim auf und bringe euch lesen und schreiben bei! Wenn ihr richtig arbeiten wollt, kriegt ihr einen Platz bei mir."

Barnardo wartete gespannt auf die Reaktionen der Jungen! Wenn sie doch zu ihm kämen. Dort würden sie die Geschichten vom Herrn Jesus immer wieder hören und sie sogar eines Tages selbst in der Bibel lesen können! Das war doch sein größtes Ziel für diese armen Kinder, dass sie den Herrn Jesus als ihren Retter erkannten und an ihn glaubten."

Ute schaut ihre Zuhörer an: „Habt ihr denn schon vom Herrn Jesus gehört, dem guten Hirten?", fragt sie in die Runde.

Maja, ein afrikanisches Mädchen, hebt die Hand. Sie hat sehr schnell die deutsche Sprache gelernt und kann sich schon ziemlich gut ausdrücken: „Das ist wie auf dem Bild in der Kirche, der große gute Mann mit den Schafen."

„Ja, sehr gut, Maja! Der Herr Jesus ist der gute Hirte, der seine Schäfchen lieb hat! Thomas Barnardo wollte also, dass auch Punch aus der Diebesküche den Herrn Jesus kennenlernte. Bestimmt möchtet ihr noch erfahren, wie's mit ihm weiterging?"

Eifriges Nicken von allen Seiten. Die Kinder brennen auf die Fortsetzung der Geschichte.

„Thomas kam wie gesagt dahinter, dass Punch zwar sehr geschickt und gewitzt war, aber wie die anderen weder lesen noch schreiben konnte, denn sonst hätte er längst das Schild am Jungenheim entziffert, das alle heimatlosen Kinder einlud. Thomas fragte ihn direkt: ‚Möchtest du zu uns ins Heim kommen?'

‚Ach, lieber nicht", antwortete Punch. Er hatte nämlich Schauergeschichten übers Heim gehört. Die Jungen würden eingesperrt, bekämen Schläge und nichts zu essen. Er, Punch, lebte dagegen frei und klaute sich schon alles Notwendige zusammen, er würde niemals tauschen mit den ‚eingesperrten' Jungen im Knabenheim.

Immerhin ließ er sich zu einem Besuch überreden und staunte nicht schlecht, als er die Jungen draußen auf dem Fußballfeld entdeckte. Das sah doch wenig nach Zuchthaus aus!

‚Möchtest du denn das Heimleben mal testen?', fragte Barnardo.

Punch zögerte. Er wollte schon gerne lesen und schreiben lernen. Darum erklärte er sich schließlich gnädig bereit, ein Jahr zu bleiben."

„Verkehrte Welt“, meint Anna trocken. „Er konnte doch froh sein, dass sich jemand um ihn kümmerte!“

„Er war ein misstrauischer kleiner Kerl wie viele Straßenjungen“, erklärte Tante Ute. „Barnardo konnte das gut verstehen, denn welches Leben hatte Punch bereits hinter sich?

Seine Eltern kannte er nicht. Im Armenhaus wurde er misshandelt, bis er als 9-Jähriger endlich ausriss. Dann schlug er sich als Streichholzverkäufer durch wie ungezählte Andere. Im Logierhaus lernte er das Stehlen.

„Was ist schlecht an meinem Leben?“, fragte er sich. Wer wollte ihn als böse bezeichnen, nur weil er sich nahm, was er zum Leben brauchte? Punch hatte kein schlechtes Gewissen bei seinem Handeln. Er verblüffte Thomas Barnardo durch tolle Taschenspielertricks, auf die er unheimlich stolz war.

Wie konnte man ihm nur helfen?

Da beobachtete Thomas, dass sich der stolze geschickte Punch um den stillen kleinen James kümmerte. Der Junge hatte es schwer, mit anderen in Kontakt zu kommen und war dankbar für den neuen Beschützer. Und Punch bemühte sich darum, dass James’ Vertrauen nicht enttäuscht wurde. Sie brauchten sich gegenseitig. Ob das ein Schlüssel zu Punchs Herz sein konnte?

Genau, Gott hat den kleinen Freund benutzt, damit Punch einsah: ‚Dr. Barnardo hat Recht. Es ist eine

Schande, ein Dieb zu sein! James soll nicht schlecht über mich denken! Er ist so ein feiner Kerl. Ich möchte zu ihm passen!' – Auf einmal war der König der Diebe nicht mehr stolz auf sein ‚Handwerk'. Thomas konnte ihm den Weg zeigen, sodass er ein neues Herz bekam, das der Herr Jesus von allen Sünden gereinigt hatte, weißer als Schnee."

Beim Abschied hat Tante Ute noch eine Überraschung: „Ich war jetzt schon öfter bei euch und habe alle im Kinderhaus kennengelernt. Darf ich euch auch mal zu mir einladen? Samstag feiere ich meinen Geburtstag mit einem Tag der offenen Tür, vom Frühstück bis zum Abendessen. Ihr seid also zu jeder Tageszeit herzlich willkommen!"

Das gibt ein großes Hallo im ganzen Haus! Kein Wunder, dass ihr Einkaufswagen so voll war, denken ihre beiden Helfer Pascal und Benni und freuen sich schon riesig.

Ab nach Australien

„Super! Australien! Macht ihr was über Auswanderer?“ – Benni und Pascals Klassenkamerad Tim schlendert von einem Gruppentisch zum anderen und hat dabei eins der Karteikärtchen aufgehoben. „Das Land interessiert mich voll, da muss ich später unbedingt mal hin. Am liebsten würde ich umgehend einen Flug buchen, aber dazu fehlt mir die Knete.“

Die Barnardo-Mitarbeiter nicken. „Ich käme sofort mit“, sagt Benni. „Es geht bei unserem Thema übrigens nicht direkt um Auswanderung, na ja, aber so etwas Ähnliches. Wir machen gerade was über Kinder, die aus der Großstadt London nach Australien gingen, es waren drei Geschwister: Lieschen, Tim und Jack Regan.“

„Mit ihren Eltern?“

„Nee, die lebten nicht mehr. Tim war der älteste der drei und versorgte die jüngeren Geschwister, indem er fleißig als Laufbursche arbeitete. Eines Tages hatte er einen

Unfall und kam ins Krankenhaus, das er aber auf eigene Faust bald wieder verließ, obwohl er überhaupt noch nicht gesund war. Er machte sich Sorgen um seine kleinen Geschwister. Mit seinem schlecht verheilten Humpelfuß konnte er allerdings seine alte Arbeit nicht mehr ausführen. Darum lernte er, wie man Rattenfallen aus Kupferdraht zurechtbiegt. Eines Tages entdeckte Thomas Barnardo den Jungen, der von Old Peter angelernt wurde. Weil Tim so geschickt war, verkauften die Fallen sich ganz gut. Das kleine Einkommen reichte aber nicht aus und so half das 13-jährige Lieschen mit, indem sie bei reichen Familien putzte und wusch, eine furchtbar schwere Arbeit für so ein halbverhungertes schwächliches Geschöpf. Aber was blieb ihnen anderes übrig?

Wenn's irgend ging, schleppten sich die Kinder am Sonntagabend den weiten Weg zur Zerlumptenschule. Mit Essen, warmer Kleidung und etwas Geld konnte ihnen auch geholfen werden.

Etwa zur gleichen Zeit erhielt Barnardos Heim Besuch aus Australien. Ein kinderloses Ehepaar hatte von der Arbeit gehört und wollte Jungen weitervermitteln, damit sie in ihrem Land Aufnahme fanden.

Als sie von den drei Waisenkindern hörten und sie in der Schule erlebten, erwachte in den Australiern ein großer Wunsch: Diese drei Kinder als ihre eigenen aufzunehmen. Im August 1872 begaben sich fünf glückliche Menschen auf die weite Reise in den fernen Erdteil, eine neue Familie hatte sich gefunden."

„Ihr habt das aber gut rübergebracht", lobt Tim die Erzähler. „Habt ihr noch mehr solche Geschichten, oder ist das eure Vorführstory, die ihr jetzt zu früh preisgegeben habt?"

„Keine Sorge, von der Art haben wir jede Menge, uns geht der Vorrat nicht aus."

So, allmählich wird es Zeit, die verschiedenen Schauplätze auf dem Globus zu suchen. Immerhin waren da viele Barnardo-Jungen, die zum Beispiel nach Kanada auswanderten, einige nach Australien oder Afrika.

„Bestimmt ist es auch praktisch, wenn wir einen Stadtplan von London ausleihen, um alle Orte zu finden", schlägt Pascal vor. „Wenn das mal reicht, vielleicht besser gleich eine Englandkarte", meint sein Kumpel vorsorglich.

„Ich sag's ja, am Ende schreiben wir selber `ne Doktorarbeit. Wann sollen wir eigentlich die Mappen abgeben? Eine trübe Ahnung sagt mir, dass gewisse Lehrer solche Dokumente als Ferienlektüre brauchen", bemerkt Benni mit schiefem Grinsen.

„Mhh, ich würde dafür meine Ferien nicht opfern. Ist das etwa ein Vergnügen, sich Blatt für Blatt durch so eine Arbeit zu quälen?"

„Unser Text ist doch keine Quälerei!", widerspricht

Benni empört. „Und denk dran, die Blätter nicht in Folienhüllen zu stecken, sonst gibt es Punkteabzug.“

„Warum eigentlich, ist das so ein Tick?“

„Komm, mach mal: Blatt raus, lesen, was draufkritzeln, Blatt wieder rein und abheften und nächstes Blatt … und das bei 10 oder 20 Seiten mal 29 Schüler, echt ätzend!“

„Von mir aus, dann eben ohne Hüllen. Obwohl das besser aussähe, aber egal.“

Waisenhaus oder Jungenheim?

Das Abendessen im Kinderdorf verläuft nicht ganz so still wie in einem Seniorenheim. Wenn lebhafte Kinder aller Altersstufen ihre Tageserlebnisse mitteilen, geht's ganz schön rund. Die kleine Maja schaut mit glänzenden Augen in die Runde und versucht, möglichst viel mitzukriegen. Am meisten fasziniert sie aber die große Eisenbahn, die mitten auf dem runden Esstisch fährt. Das ist eine Attraktion für besondere Tage. Die Kleine erlebt es zum ersten Mal, dass Erwachsene und Kinder in einen der Wagen greifen, um Brot oder Belag ihrer Wahl aus dem langsam fahrenden Zug zu nehmen. Sie staunt und vergisst beinahe, sich rechtzeitig zu bedienen. Aber was macht das schon?

Dann passt sie bei der nächsten Runde besser auf, es gibt doch so viel zu bestaunen.

„Eins verstehe ich nicht“, wendet sich Pascal an die Hausmutter Susa.

„Und das wäre?", fragt Susa. Sie freut sich, dass der zurückhaltende Pascal in letzter Zeit immer mehr auftaut und sich an den Gesprächen beteiligt.

„Weißt du, es geht noch mal um unser Barnardo-Thema. Hast du mitgekriegt, dass immer von einem Jungenheim die Rede ist? Hatte der was gegen Mädchen? Was wurde denn aus denen??"

„Nein, Barnardo hatte überhaupt nichts gegen Mädchen. Ihr Schicksal lag ihm ganz genauso am Herzen! Aber wie sollte er alles auf einmal schaffen? Denk doch mal: Platz für so viele Kinder, Geld für Lebensmittel, Kleidung, genügend Mitarbeiter und und und … es war schon ungeheuer viel, was der Mann alles auf die Beine stellte.

Allerdings fiel es ihm immer wieder aufs Herz, dass auch die Mädchen dringend Hilfe brauchten. Um ihnen zu helfen, waren auch wieder ganz andere Dinge wichtig, von denen eine Frau mehr verstand als er. Du weißt, dass wir im Kinderdorf grundsätzlich in jedem Haus ein Paar haben, ein Mann und eine Frau als Hauseltern. Das hat schon gute Gründe.

Aber damals in England – ihr müsst euch vorstellen, dass Barnardos Heimidee überhaupt total revolutionär war. Ihr habt ja gehört, dass die feinere Gesellschaft keine Ahnung hatte von den obdachlosen Kindern. Heute hat ja auch kaum jemand wirklich Ahnung von sozialer Not.

Noch lange Zeit nach Barnardos boys homes waren

getrennte Jungen- und Mädchenheime völlig normal, auch in Deutschland. Nach dem 2. Weltkrieg kam Dr. Andreas Mehringer als Direktor an das bekannte Münchner Waisenhaus. Waisen, ihr wisst, was ich meine?

Richtig, elternlose Kinder. Dr. Mehringer hatte während seines Studiums grässliche Missstände im Waisenhaus erlebt. Da gings zu wie in der Kaserne mit eisernem Drill. Alle Kinder trugen einheitliche ‚Anstaltskleidung'. Sie schliefen in großen Schlafsälen und hatten nichts zu Lachen. Die Erzieher hatten strenge Anweisung, vor allem auf Disziplin zu achten und bestraften die Kinder durch Schläge mit dem Stock, grausam.

Unter diesen Zuständen hatte der junge Mitarbeiter sehr gelitten und ging voller guter Ideen ans Werk, als er Heimleiter wurde. Sein Mitgefühl und sein Wissen bewirkten, dass er das Los der Waisenkinder sehr verbesserte. Anstelle der langen Flure und großen Schlaf- sowie Esssäle baute man kleine abgeschlossene Wohnungen. Hier lebte eine Gruppe ähnlich wie eine Familie: nicht 30 Gleichaltrige, sondern etwa 10 Kinder vom Baby bis zum Jugendlichen mit ihrer Erzieherin."

„Hast du dort mal gewohnt oder woher weißt du das alles so genau?"

„Ich war mal in München, die Straße, wo die Einrichtung liegt, heißt immer noch Waisenhausstraße, und wir hatten das Glück, vom alten Herrn Dr. Mehringer geführt zu werden. Unglaublich, wie lebendig er uns alles erklärte. Das war besser als viele Unterrichtsstunden zu diesem Thema."

„Das sehe ich genauso. Am liebsten würde ich mal nach England fahren und alle Orte ansehen, an denen Thomas Barnardo gelebt und gearbeitet hat."

Susa zuckt mit den Schultern: „Warum nicht? Warten wir's ab. – Aber hast du eigentlich eine Ahnung, wie spät es ist?"

Der Gongschlag der Wanduhr beantwortet die nicht ganz ernst gemeinte Frage.

Später, als die Kleinen im Bett sind, setzt sich Susa wieder neben Pascal.

„Mir fiel noch was ein, was dich auch interessieren könnte. Hast du gewusst, dass es noch andere Kinderdörfer gibt, zum Beispiel SOS-Kinderdörfer?"

„Mal gehört, aber ich weiß nicht wirklich, was das ist. Vielleicht was für akute Notfälle?"

„So kann man das eigentlich nicht sehen. Die SOS-Kinderdörfer sind in einigem mit unserem Dorf hier zu vergleichen. Aber es gibt auch Unterschiede. Bei uns bewohnt immer ein Elternpaar mit eigenen und anderen Kindern ein Haus, wobei einige Erzieher unsere Arbeit unterstützen.

Im SOS-Kinderdorf habe ich mal erlebt, dass alleinstehende Frauen in einem kleineren Haus mit einer Kindergruppe wohnen. Mir gefiel es dort sehr, aber ich bin nun mal nicht Single. Mittlerweile wird das dort möglicherweise auch anders geregelt. Aber so siehst du, dass die Entwicklung immer weiter geht, jede Zeit braucht ihre passenden Lebensformen, wir leben schließlich nicht auf dem Mond.

Als Hermann Gmeiner seine SOS-Kinderdorfidee entwickelte, herrschte überall Not durch den Zweiten Weltkrieg. Weil er selbst ohne seine Mutter aufgewachsen war, wollte er den heimatlosen Kindern helfen. So gründete er das erste Kinderdorf in Imst in Tirol."

„Tirol? Stark, davon hab ich Bilder in meinem Bergsteigerkalender! Dann gibt's die SOS-Kinderdörfer nur in Österreich?"

„Nein, mittlerweile werden die Dörfer in der ganzen Welt gebaut. Überall gibt es Kriege und Katastrophen; du kannst dir denken, dass immer noch ‚SOS' gefunkt wird, wo Kinder in Not geraten – viele Spender auf der ganzen Welt sorgen dafür, dass neue Dörfer entstehen und die alten gepflegt werden."

„Danke, Susa, dass du dir so viel Zeit nimmst für mich. Was denkst du, soll ich das auch alles aufschreiben?"

„Das müsst ihr entscheiden. Einige Hintergrundinfos schaden bestimmt nicht! Es könnte sein, dass euch nach dem Referat viele Fragen gestellt werden, dafür seid ihr dann wirklich fit."

Die Journalistin

In Fabers großem Wohnzimmer wird am Esstisch intensiv gearbeitet. Benni kraust die Stirn, er scheint scharf nachzudenken. Sylvi, die ihn beobachtet, kichert vor sich hin, sodass er aufmerksam wird.

„Ist was? Ich will mitlachen!“

„Du siehst zu komisch aus, mit der gefurchten Denkerstirn. Kann ich irgendwie helfen?“

„Ja, gern! Kannst du mit dem Wort ‚Wohnstubenerziehung’ etwas anfangen?“

Sylvi guckt sich im Zimmer um. „So viel ist klar, dass man früher ‚Stube’ statt Zimmer sagte. Aber was unser Wohnzimmer mit Erziehung zu tun hat? Keine Ahnung! Ruf doch einfach Tante Ute an, die ist voll im Thema drin.“

„Gute Idee, soll ich sie von dir grüßen?“

„Ja, klar!“ Sylvi hat viele schöne Erinnerungen an Tante Ute. Wenn Mama schnell was einzukaufen hatte oder im Stress war, durfte Sylvi jederzeit zu Tante Ute rübergehen oder die Nachbarin kam zu ihr und stellte sich ganz auf Sylvi ein. Als dann später die Brüder dazukamen, genoss es Sylvi immer besonders, wenn sie die Tante mal für sich alleine hatte.

Benni kommt ins Zimmer zurück und unterbricht ihre Gedanken: „Gruß zurück von Tante Ute!“, richtet er aus. „Sie hat mir das mit der ‚Wohnstubenerziehung‘ gut erklärt, sodass sogar du es begreifen kannst“, neckt er seine Schwester, die das gelassen hinnimmt. Sie weiß ja, wie's gemeint ist.

„Thomas Barnardo war der Ansicht, dass Kinder eigentlich am besten in der eigenen Familie aufgehoben sind. Als Beispiel wählte er gern die Wohnstube, in der Eltern und Kinder möglichst viel Zeit zusammen verbringen. In den großen Stuben wurde früher gegessen, gespielt, gewerkelt, Essen vorbereitet, sich unterhalten, Besuch empfangen – der Alltag spielte sich dort ab, es war das Zentrum des Hauses mit seinen Generationen. Das breite Bauernbett der Großeltern stand nah am Ofen, weil alte Menschen leichter frieren. Am Tag erzählten Opa und Oma Märchen oder ihre Erlebnisse aus der Vergangenheit, strickten Strümpfe oder webten. Die Kinder wuchsen auf zwischen Vergangenheit und Gegenwart, wurden in die Arbeiten miteinbezogen. Allerdings erlebten sie auch Konflikte, aber ebenso den Umgang damit.

Barnardos Idee ging auf die pädagogischen Gedanken von Johann Hinrich Pestalozzi zurück. Das war ein berühmter Pädagoge und Schulreformer, dessen Werke Barnardo wahrscheinlich gelesen hatte. Es hieß, dass immer die neuste Fachliteratur auf seinem Schreibtisch lag, sicher nicht nur medizinische Bücher.

Tante Ute nimmt an, dass er sich auch mit den Ideen August Hermann Franckes auseinandersetzte, der in Halle ein Waisenhaus hatte. Der Mann war Christ, wie Barnardo und Georg Müller. Von ihm stammt das Zitat „Ein Tropfen Liebe ist mehr, als ein Ozean an Wille und Verstand."

Fast ohne Stocken hat Benni seinen Vortrag runtergespult und entlockt seiner Schwester ein ehrliches: „Ich bin beeindruckt!"

In diesem Moment kommt ihr Vater nach Hause. Er freut sich, dass Benni und Sylvi so einträchtig miteinander arbeiten und setzt sich mit seinem dampfenden Teepott auch dazu. Mittlerweile hat er schon Einiges über Bennis Arbeit gehört und findet sie sehr interessant.

„Welche Personen werden von den anderen Schülern bearbeitet? Erfahrt ihr etwas darüber oder ist es streng geheim?"

„Nö, geheim ist es eigentlich nicht", meint Benni.

Gerade heute sind die Jungen zufällig am „Zickentisch" vorbeigekommen, aber mit den Mädchen haben sie seit dem dummen Aquarena-Zoff nicht mehr gesprochen.

„Eine Gruppe beschäftigt sich mit Charlotte Petersen. Irgendwas mit Juden und Erbsen und Spenden, ziemlich verworrenes Zeug. Wir nennen es den ‚Charlottenroman', keine Ahnung."

Herr Faber ist auf einmal hellwach. „Von wegen Charlottenroman! Mir scheint, ihr habt wirklich keine Ahnung! Ich habe Charlotte selbst gekannt."

„Was? Lebte die also nicht in grauer Vorzeit irgendwo weit weg? Ist doch meist so bei berühmten Leuten!"

„Nee! Ihr werdet euch wundern, Charlotte Petersen wohnte nur ein paar Häuser weiter. Wenn ich morgens zur Schule ging, hörte ich durch das offene Fenster der alten Villa ihr Schreibmaschinengeklapper. Frau Petersen war nämlich Journalistin."

„Eine Kollegin von dir?", zieht Benni seine Schwester auf, die ihm dafür eine Grimasse schneidet.

„Wieso Kollegin?", will Papa wissen. „Hab ich da was verpasst?"

„Ach, nee, der Kleine phantasiert eben gerne", lenkt Sylvi ab, die auf die Fortsetzung von Papas Geschichte gespannt ist.

Aber Benni empfindet noch Klärungsbedarf und fragt nach: „Schreibmaschinengeklapper – lebte die so energiesparend oder hatten sie ihr den Strom abgestellt?"

Herr Faber lacht ein bisschen. „Ich weiß nicht. Charlotte bewohnte damals mit ihrer ebenfalls alleinstehenden Schwester das Erdgeschoss der Villa. Beide Damen lebten sehr einfach und bescheiden. Charlotte war an ihre alte mechanische Schreibmaschine gewöhnt und blieb auch dabei, als es längst elektrische Maschinen gab. Charlotte arbeitete für die Zeitung der kleinen Heimatstadt und Marie versorgte Haushalt und Garten. Mit dem selbstgezogenen Gemüse kamen sie vegetarisch gut über die Runden. Ach so, Marie gab auch Gymnastikstunden in ihrem großen Wohnzimmer, natürlich nur Einzelunterricht. Ich denke, eine Art Krankengymnastik."

„Dann verdienten sie immerhin zu zweit. Hatten sie das eigentlich nötig, wenn sie doch in einer Villa wohnten?", fragt Sylvi verwundert.

„Die Eltern waren wohlhabende Fabrikanten. Noch bis vor kurzem befand sich ein eiserner Ring in der Gartenmauer, an dem damals die Pferde festgebunden wurden. Kutschen konnten direkt über die Einfahrt bis zur Villa vorfahren. Die Töchter vermieteten das Obergeschoss und verdienten ihren Lebensunterhalt. Wie gesagt, sie lebten sehr bescheiden und wir alle hielten sie für arm. In Wirklichkeit sparten sie, um anderen zu helfen. Spenden für Kinderdörfer waren nur ein Posten auf ihrer Ausgaben-Liste – und dann natürlich die Wapniarka-Juden, die waren Charlottes Lebensinhalt.

„Und was ist das: Wa… – wie noch mal – Juden?" Benni hat mit offenem Mund zugehört und auch Sylvi ist fasziniert.

„Tut mir leid, das lässt sich nicht in einem Satz erklären

und ich habe jetzt noch zu tun. Aber wie wär's, wenn du dich mal in der ‚Charlottengruppe' kundig machen würdest?"

Bennis Gesicht spricht Bände und das hat die ‚zukünftige Journalistin' Sylvi sehr wohl registriert. „Irgendwelche Probleme mit den Mädchen?"

Warum soll er seiner Schwester nicht erzählen, was es damit auf sich hat? Sie ist zwar auch ein Mädchen, aber doch ziemlich vernünftig. Außerdem tut's ihm gut, das mal loszuwerden.

Sylvi hört ihm aufmerksam zu. „So tragisch ist das doch nicht", meint sie. „Und ich weiß auch eine ganz einfache Lösung!"

„Welche denn?", fragt Benni hoffnungsvoll.

„Entschuldigt euch bei den beiden und vertragt euch wieder."

Benni stöhnt. „Du hast ja keine Ahnung, wie zickig die sein können!"

„Versuch es!"

Noch einmal trifft sich der ‚Barnardo-Club' bei Tante Ute. Ein Regenwetternachmittag ist genau das Richtige für ausführliche Erzählstündchen bei Waffeln mit heißen Kirschen. Natürlich mit Sahne!

Pascal berichtet haarklein, was er von Susa erfahren hat. Sie reden noch ein bisschen von Pascals Kinderdorf, wobei Tante Ute einfällt: „Thomas hatte damals die Idee, ein Dorf für Mädchen zu gründen, oder sprachen wir schon davon? Das Heim, das sie vorläufig bewohnten, war irgendwie nicht das Wahre. Eines Nachts hatte er einen Traum. Er sah kleine Backsteinhäuschen und darin lebten Mädchen jeden Alters, wie in einer Familie, mit einer Familienmutter.

Beim Aufwachen war ihm klar, dass so die Lösung vieler Probleme aussehen könnte. Das wäre doch etwas für Binnie und Lucie, die Zigeunermädchen, die sich im Heim nicht zurechtfanden und dadurch ihre Erzieherinnen überforderten. Und auch für das Kaminfegermädchen Margaret, die weder saubere Kleidung kannte noch wusste, wie man sich wäscht. Sie riss die Bettbezüge herunter und rollte sich unterm Bett auf dem nackten Fußboden zum Schlafen zusammen.

Erstaunlicherweise fand Barnardo auch für diese neue Idee wieder Menschen, die er mit seiner Begeisterung anstecken konnte. So wurde nacheinander Haus um Haus gespendet. Jedes von ihnen bekam einen romantischen Blumennamen.

Zum Mädchendorf gehörte eine Schule. Die größeren Mädchen lernten dort ganz praktisch, einen Haushalt zu führen. Was sie zum Beispiel im Kochunterricht produzierten, durfte in den ‚Familien' verspeist werden. An jedem Tag hatte eine andere Dorffamilie dieses Vergnügen. Vielleicht war das Essen manchmal ein bisschen angebrannt oder versalzen, aber die Mädchen waren ja schließlich noch in der Ausbildung. Ihr kennt wohl das Sprichwort: Es ist noch kein Meister vom Himmel gefallen?

Haushaltführung bedeutete früher übrigens nicht nur Kochen, Putzen und Backen! Die großen Wäscheberge mussten damals noch ohne Waschmaschine in vielen Einzelschritten von Hand bewältigt werden. Dazu bearbeiteten die Familien gemeinsame Nutzgärten und kochten die geernteten Lebensmittel für den Winter ein. Gefrierschrank? Fehlanzeige!

Außerdem lernten die Mädchen nähen und stricken und alle damals üblichen Handarbeiten. Entweder würden sie das alles brauchen, um später ihre eigene Familie gut zu versorgen oder auch um eine Arbeitsstelle in einem Haushalt zu bekommen. Immer ging es darum, dass die Kinder zu einem selbstständigen, unabhängigen Leben erzogen wurden.

Eines Tages entdeckte eine von Barnardos Helferinnen in einem Logierhaus eine Frau, die ein verwahrlostes Baby bei sich hatte und verwies sie an Barnardo. Die Frau suchte ihn bald darauf auf und trug ein schmutziges Bündel im Arm. Entsetzt schälten die Pflegerinnen ein winziges Baby aus den Lumpen. Die Ärmchen des kleinen Mädchens waren nicht dicker als der Finger eines Erwachsenen. Und was steckte denn da als Schnuller in seinem Mund?? Eine

Fischgräte, ebenfalls in Lumpen eingewickelt. So schmutzig, als ob die Kleine seit Wochen daran genuckelt hätte.

Das Fürchterlichste an dem ganzen war aber nicht das unterernährte, stark vernachlässigte Kind, sondern die Frau! Betrunken, eine süchtige Alkoholikerin, die nur auf Geld für die nächste Flasche aus war. Sie verlangte Geld von Dr. Barnardo, sie wollte das Kind verkaufen!

Der Mann, der schon so viele schreckliche Eindrücke verkraften musste, war diesmal sprachlos. So etwas hatte er noch nicht erlebt! Keinesfalls wollte er ein Kind kaufen, schnell würde sich das herumsprechen und er konnte für Kinderhandel angezeigt werden. Außerdem stände umgehend die nächste ‚Kinder-Verkäuferin' auf der Schwelle.

Doch die Frau war hartnäckig und bot das Kind für immer weniger, zuletzt für einen Schilling. Von Mitleid bewegt nahm er das armselige Bündel endlich an sich.

Und dann erlebte er eine wunderschöne Überraschung. Barnardo besuchte das Mädchendorf Ilford, sooft er nur Zeit fand. Und immer rissen sich Hausmütter und Kinder darum, ihn als Gast aufzunehmen.

Heute war er im Haus ‚Wickenblüte' eingeladen und fand seinen Platz zwischen der Hausmutter und dem jüngsten Kind, das in seinem hohen Stühlchen am Tisch saß.

Das kleine Kind mit blonden Löckchen und dicken Pausbäckchen sah so süß aus, dass er es immer wieder anschauen musste. Aber wie hieß es denn noch gleich? Zu dumm, dass ihm der Name nicht einfiel.

Die Hausmutter ist natürlich ganz stolz, dass der freundliche Doktor ihr Kleinstes so bewundert: „Nelly hat sich so gut entwickelt, meinen Sie nicht auch?“

Hm, er müsste das Kind doch kennen wie alle ‚seine’ Kinder. Nelly? Wie war das noch? Dass ihn sein Gedächtnis hier so im Stich ließ. Hoffentlich fiel es ihm bald ein. Doch leider nützte ihm alles Nachdenken nicht und er musste nachfragen: „Wie lange ist das Kind hier? Über drei Monate?“

Aha, seit Juni, aber er erinnerte sich immer noch nicht.

Die Hausmutter war verwundert: „Sie erinnern sich nicht an das winzige Baby, das sie damals für einen Schilling gekauft haben, das Schillingbaby??“

Barnardo konnte nur staunen! Jenes erbärmliche kleine Bündel saß jetzt als gesundes Kleinkind fröhlich neben ihm, wie war das nur möglich?

Ein Wunder, wie so oft. Gott tut immer noch Wunder und wir bewegen seinen Arm durch unser Gebet. Auch Thomas fand seine Zuflucht immer wieder im Gebet. Das war das starke Fundament seiner immer weiter wachsenden Arbeit.“

„Tante Ute, eigentlich war also Thomas der Erfinder der Kinderdörfer?“, stellt Pascal interessiert fest, „und nicht Hermann Gmeiner mit seinen SOS-Kinderdörfern? In England waren es eben nur Mädchendörfer.“

„Was wurde eigentlich aus den größeren Jungen?“, erkundigt sich Benni. „Die konnten doch sicher nicht alle Schuhputzer werden?!“

„Keineswegs! Für seine Jungen dachte sich Thomas ständig etwas Neues aus. Sie konnten eine Ausbildung als Seeleute machen oder verschiedene Handwerke erlernen.

Sagte ich eigentlich schon, dass Thomas sogar nach Kanada fuhr, um seine Jungs zu besuchen, die dorthin ausgereist oder ausgewandert waren?“

„Du erwähntest mal, dass Barnardo Jimmy dort wiedertraf, der inzwischen als 30-jähriger Farmer mit seiner Familie glücklich war.“

„Selbstverständlich besuchte er noch mehr von den jungen Männern, die ihn alle freudig begrüßten. Sie hatten ihm ja so viel zu verdanken! Als er das zweite Mal übers Meer nach Kanada fuhr, ging es um ein neues Projekt. Eine Musterfarm wurde eingeweiht. Dort lernten interessierte Jugendliche alles, was man über Landwirtschaft wissen musste. Stellten sie sich geschickt an und waren sie geeignet, bekamen sie Land zugewiesen und konnten ihre eigene Farm bauen.“

„Farmer in Kanada, Wildpferde einfangen, Lachse angeln und auf die Jagd gehen – die ‚Barnardojungen’ hatten’s gut!“, ruft Benni begeistert aus.

Klärungsbedarf

In Frau Schröders Klasse ist es unruhig, wie meistens in den letzten Wochen, aber die Deutschlehrerin bleibt gelassen. Sie merkt, dass die Unruhe etwas stressbedingt ist. Allmählich gehen die Arbeiten für das Schulnamenprojekt in die Endrunde und, wie immer, ist dann noch schrecklich viel zu tun. Es muss kopiert und ausgedruckt werden; ausgerechnet in der letzten heißen Phase hat das

Infozentrum mit allen Büchern, PCs und anderen Medien vorübergehend geschlossen und die Doppelstunde ist viel zu kurz. Aber die Lehrerin ist sehr zufrieden. Es herrscht richtig Arbeitsstimmung!

Beim Kopierer stehen Annika und Jenni. Sie warten noch auf ihre restlichen Blätter, als Benni und Pascal um die Ecke biegen. Alle vier sind mehr betroffen als erfreut. Notgedrungen verbringen sie die Wartezeit gemeinsam und – schweigen gemeinsam.

Endlich wagt Benni einen großen Mutsprung nach vorn, denn ihm geht Sylvis Vorschlag nicht aus dem Kopf „Neulich, i … im Aquarena", beginnt er etwas unsicher, „ich glaub, das war nicht so gut … Entschuldigung."

Erstaunt hat sich Pascal die kurze Rede angehört. Das hatten sie zwar nicht abgesprochen, aber ihm ist eigentlich auch nach Frieden zumute: „Mh, ja, sehe ich genauso“, sagt er tapfer. „Tschuldigung.“

„Ist schon in Ordnung“, erwidert Annika versöhnlich.

„Wir haben uns ja auch ein bisschen blöd benommen“, ergänzt Jenni. „Friedensangebot angenommen!“

Puh, das wäre bereinigt! Benni und Pascal sind richtig froh.

„Ihr beide macht doch den Charlotten…“, Benni stoppt im letzten Moment. Jetzt bloß nicht wieder „Charlottenroman“ sagen!

„… den Charlottentext“, kommt ihm Pascal geistesgegenwärtig zur Hilfe.

Zwei nickende Pferdeschwänze, erstaunte Augen.

„Mein Vater sprach neulich davon, dass er die Journalistin gekannt hätte, als Schüler“, erklärt Benni schnell.

„Echt? Könnten wir ihn mal interviewen, das wäre doch genial, mit einem Zeitzeugen zu sprechen!“

„Warum nicht? Wir arrangieren das für euch! Uns hat er auch schon Interessantes berichtet. Aber er erwähnte da so ein Wort, mit dem wir nichts anfangen konnten: Wap … Wappen … nee, so auch nicht …“

„Wapniarka? Das war ein Konzentrationslager in Rumänien“, erklärt Annika, „wisst ihr Bescheid? KZs nannte man die Straflager in der Hitlerzeit, im ‚Dritten Reich', also vor und während des 2. Weltkrieges."

„Zur Zeit der Nazis?", fragt Benni beklommen. „Als die Juden verfolgt wurden?"

„Genau", bestätigt Jenni. „Sie hatten in Wapniarka eine ganz spezielle Art, die Juden zu quälen. Als Nahrung bekamen sie zweimal täglich Futtererbsen, die normalerweise als Viehfutter dienten und für Menschen giftig sind."

„Das gibt es doch nicht!", sagt Pascal empört. „Die Nazis waren total üble Kerle! Wie wirkte sich das Giftzeug aus?"

„Sehr schlimm. Die jüdischen Häftlinge bekamen Lähmungen und wurden teilweise zu Krüppeln. Sie konnten nicht mehr laufen und ihre Glieder nicht mehr richtig benutzen. Die Gefangenen ahnten die Ursache ihrer Erkrankungen und gingen drei Wochen in den Hungerstreik. Danach erhielten sie dann Kartoffeln und ab und zu Pferdefleisch."

„War denn eure Charlotte auch Jüdin?"

„Nein. Aber sie engagierte sich während des Dritten Reiches in einer Jugendorganisation, die im Untergrund so viel wie möglich half. Offiziell ging sie mit ihrer Schwester in einem kirchlichen Jugendkreis, der seine Treffen in der Jugendburg Hohensolms abhielt. Doch die Aufgaben der Hilfsorganisation waren der wahre Anlass der Treffen, aber sie konnten, wenn unerwünschte Besucher auftauchten, ganz harmlos ihre Volkstänze aufführen oder sich mit Gesellschaftsspielen beschäftigen."

„Eine Tarnung!", sagt Pascal.

„Genau."

„Was hat das aber nun mit den Futtererbsen zu tun?", fragt Benni ratlos.

„Wart's ab, das kommt noch. Nach dem Krieg erfuhr die Journalistin Charlotte Petersen von dem Verbrechen an den Wapniarka-Juden. Viele Häftlinge hatten zwar überlebt, waren jedoch sehr krank oder gehandicapt. Sie erhielten keine Beihilfe oder Rente, keine offizielle Stelle fühlte sich für sie zuständig, wie das so oft bei Behörden ist.

Charlotte ließ sich von der Not bewegen und sammelte für ‚ihre' Wapniarka-Juden. Unermüdlich schrieb und sprach sie öffentlich über das Schicksal der ehemaligen KZ-Häftlinge. Sie drang damit sogar bis zum damaligen Bundespräsidenten Heinemann vor, der sie als ‚größte Bettlerin des Jahrhunderts' bezeichnete. Das blieb nicht ihr einziger Ehrentitel! Charlotte erhielt mehrere Auszeichnungen für ihr Lebenswerk. Mit dem gesammelten Geld konnten ärztliche Behandlungen bezahlt und für bessere Lebensbedingungen gesorgt werden."

„Toll", meint Benni anerkennend.

Pascal nickt beeindruckt. „Danke für die gute Info!"

„Gern geschehen! Hören wir auch mal was über eure Arbeit?"

„Klar", sagt Benni.

Nicht nur Sonnenschein

„Barnardos Projekte werden immer umfangreicher, sein Ideenreichtum scheint unergründlich zu sein. Längst schon denkt er nicht nur an seine ‚boys and girls', sondern an Babys, Kleinkinder, Jugendliche, Mütter, Diakonissen, Körperbehinderte, Erholungssuchende und Senioren. Er berücksichtigt Notleidende aller Lebensphasen in seinen Überlegungen.

Unermüdlich arbeitet er in seinem Büro, wo er ellenlange Briefe diktiert und ungezählte Postsachen lesen muss. Neue Mitarbeiter werden eingewiesen, andere suchen seine Beratung. Barnardos Arbeitstag hat sechzehn Stunden. Dann eilt er heim, mit Kutsche und Bahn, um todmüde ins Bett zu fallen."

„Hatte er denn auch mal Zeit für seine Familie oder hatte er gar keine?", will Pascal wissen.

Die beiden Jungen fragen sich das nämlich schon lange und auch Papa wollte das mal wissen.

„Thomas war verheiratet und hatte sieben Kinder, von denen drei vor ihm starben. Er hatte seine Frau während seiner Arbeit kennengelernt."

„Das überrascht mich nicht", murmelt Pascal.

Tante Ute lächelt. „Das kam so", erklärt sie: „Thomas wurde in eine andere Stadt eingeladen, um in einer Zerlumptenschule bei einem Teenachmittag über seine Arbeit zu berichten. Dort traf er die Lehrerin Miss Syrie Elmslie. Beide waren mit ganzem Herzen bei ihrer Arbeit, aber das hinderte sie nicht, sich ineinander zu verlieben.

Sie feierten ihre Hochzeit in einem riesigen Gebäude, das die Gäste dennoch kaum fassen konnte. Beide hätten niemals ohne ihre nobodyboys feiern wollen, wenn auch Vater Elmslie lieber eine vornehme, stilvolle Hochzeit vorbereitet hätte. Die Eltern waren sehr reiche Leute und unterstützten die wohltätige Arbeit des jungen Paars.

Thomas und Syrie unternahmen zusammen eine wunderschöne Hochzeitsreise, bevor sie sich gemeinsam in die immer größer werdende Arbeit von Barnardos Ostend-Mission stürzten.

Die Flitterwochen waren für Thomas während langer Jahre die einzige Erholungspause. Kein Jahresurlaub, keine Erholungsreisen. Thomas lebte wie eine Kerze, die man an beiden Enden angezündet hat. Er selbst opferte Zeit und Gesundheit, aber sein Werk wuchs. Wenn's auch manchmal Rückschläge gab. Nicht alle Mitmenschen fanden seine Ideen gut, viele waren auch mit Sicherheit neidisch. Nicht nur, dass er unter Verleumdung und Beschimpfung durch böse Zeitungsartikel litt, es gab auch immer mal wieder große Geldprobleme."

„Ich dachte, da wären so viele Spenden eingegangen?", fragt Pascal.

„Schon, aber die Spenden kamen nicht so regelmäßig. Öfter überstiegen die laufenden Ausgaben die eingegangenen Mittel weit und Thomas fragte sich oft, wie es weitergehen sollte.

Immer wieder erlebten Thomas und Syrie aber auch, dass im allerletzten Moment Hilfe kam. Entweder in Form eines dicken Geldbriefs aus Indien oder durch eine Frau, die mal eben bei einem Besuch einen 1000-Pfund-Schein nach dem anderen aus der Handtasche zog und nicht mal eine Quittung wollte, weil sie von der segensreichen Arbeit in den Barnardoheimen überzeugt war.

Das waren dann Freudentage! Thomas fühlte sich bestärkt, von Gott bestätigt.

Aber seine Arbeitskraft und seine Reserven waren auch nicht unendlich. Ein Erschöpfungszustand zeigte ihm, dass er die Bremsen ziehen müsste. Doch kaum erholt, ging's im alten Rhythmus weiter.

Seine Patienten konnte er liebevoll ermahnen, sich zu schonen, nur bei ihm selbst klappte das nicht."

„Beinahe wie eine Maschine, ist das noch normal?"

„Ich denke, wenn man Barnardo mit einer Arbeits-Maschine vergleicht, dann war sein Herz der Motor. Die Liebe zu den Armen trieb ihn immer wieder an, er war, ja, … innerlich bewegt, so wie es in der Bibel auch von Jesus Christus gesagt wird. Jesus war sein Herr, von ihm wollte er immer wieder lernen."

Gruppenreise mit der Bahn

In Fabers Küche duftet's wunderbar nach frischem Streuselkuchen, eine von Mamas Spezialitäten. Sie holt das heiße Blech aus dem Backofen und stellt den Hefekuchen zum Abkühlen ans Fenster. Sylvi und Benni füllen einige Trinkflaschen mit Tee und Johannes holt die Rucksäcke herbei.

„Emsig wie im Bienenstock geht es hier zu", meint Herr Faber, der von draußen kommt. „Aber wir sind gut in der Zeit, der Zug fährt erst in einer Stunde ab."

Fabers bereiten alles für einen Tagesausflug am Samstag vor. So einen Ferientag zwischendurch gönnen sie sich gerne, wenn es auch nicht zu einem langen Urlaub reicht. Herr Fabers Arbeitsstelle ist im Moment nicht sicher, sodass er jederzeit damit rechnen muss, arbeitslos zu werden.

Aber das mindert im Moment keineswegs die Vorfreude von Eltern und Kindern auf den gemeinsamen

Ausflug. Alle fünf sind begeisterte Bahnfahrer und ein gut eingespieltes Team. Papa hat Tagestickets besorgt, die Fahrscheine und Eintrittskarten enthalten. Durch die Gruppenermäßigung kamen sie auf die Idee, auch Pascal und Tante Ute einzuladen. Frau Faber und Tante Ute haben auch das Ausflugsziel vorgeschlagen: die Landesgartenschau.

So trifft sich eine fröhliche kleine Reisegesellschaft auf dem Bahnsteig. Erwartungsvoll schauen sie dem Zug entgegen, das wird sicher ein herrlicher Tag!

Johannes meint, er müsste sich gleich nach dem Einsteigen für die Reisestrapazen stärken, aber Frau Faber wehrt lachend ab: „Der Streuselkuchen ist doch fürs Picknick im Kurpark, du kleiner Vielfraß!"

In Wetzlar hält der Zug nur kurz, um dann wieder Fahrt aufzunehmen. Unterwegs entdecken die Kinder immer wieder Neues und auch Lustiges, wie die hastenden Leute auf dem Bahnsteig oder den aufgeregten Mann, dem der Begrüßungsrosenstrauß aus der Hand fällt, haargenau vor die Füße der verblüfften eleganten Dame, mit der er wohl verabredet ist. Dann fährt die Bahn in den Zielbahnhof ein: Bad Nauheim.

Die Erkundung beginnt. Herr Faber erklärt: „Ihr seht hier eine schnurgerade Achse durch die Stadt vor euch, die breite Parkstraße, die Brunnenhäuser bei den Kuranlagen bis hin zur Johannishöhe auf dem gegenüber liegenden Berg."

Der Stadtplan erinnert an Geometrie, findet Benni. Alles so symmetrisch, übersichtlich.

Tante Ute schlägt vor, am Vormittag zunächst den oberen Park anzusteuern. Sie kennt die Stadt und hat sich schon länger für die Landesgartenschau interessiert.

Die unterschiedlich angelegten Schrebergärtchen mit ihren niedlichen Häuschen finden Sylvis Beifall, aber auch die Gartenbeispiele aus verschiedenen Ländern sind für alle faszinierend. Sie wollen sich alles anschauen. Wie gut, dass das ebene Gelände absolut für Rollifahrer geeignet ist.

Schon ein bisschen müde vom Schauen genießen sie in der Mittagszeit die Ruhe auf einer der vielen Sitzgelegenheiten. Es gibt sogar Liegen auf den Rasenflächen, auf denen kein Schild „Betreten verboten“ das Vergnügen stört.

Doch die Pause dauert nicht allzu lange, Tante Ute hat verraten, dass noch ein zweiter Park auf sie wartet.

Sie wandern den Hauptweg entlang, der zwischen einzigartig gestalteten Brunnenhäusern hindurchführt. Die Frauen sind Feuer und Flamme: „Die alten Häuser sind ja offen, seht mal, da müssen wir unbedingt rein!“, ruft Sylvi.

„Hier also saßen die vornehmen Kurgäste im Wannenbad und ließen sich vielleicht gleichzeitig ein Glas mit frischem Brunnenwasser reichen, dem guten Heilwasser aus den Quellen des Städtchens“, erklärt Tante Ute.

„Was wird daran schon zu sehen sein“, knurrt Benni.

Hoffentlich droht da keine Museumsführung oder eine andere langatmige Besichtigung!

„Jugendstil! Guck mal, Ute, wie toll das restauriert wurde. Kommt ihr mit?“ Frau Faber ist begeistert.

Erstaunlicherweise bewundern auch die Männer, dass die Kabinen einen so wohnlichen Eindruck machen. Sie betrachten interessiert die Wannen aus dunklem exotischem Holz. Herr Faber und Johannes sind nämlich begeisterte Heimwerker. „Allerhand, damals wussten sie schon, dass das Exotenholz wasserfest ist. Heute belegt man auch Terrassen damit“, erklärt der Vater seinem erstaunten Sohn.

„Habt ihr die Fliesen gesehen mit den herrlichen Pflanzenornamenten in zarten Farben?“, fragt Frau Faber. „Die Buntglasfenster? Das ist alles ganz anders als in modernen Einrichtungen.“

„Ganz ruhig!“, denkt Herr Faber, „so lange ich nicht unser Bad nach diesen komplizierten Vorlagen renovieren muss, kann ich mich nicht beschweren.“

Gemeinsam bestaunen sie die geöffneten Räume, so schön hätten sie sich so ein Badehaus niemals vorgestellt. Sogar die Türschlösser sind Zeugen einer vergangenen Zeit.

Mama und Tante Ute frischen ihre Schulerinnerungen an die Kunstgeschichtsstunden auf. Sie besuchten zwar nicht die gleiche Schule, entdecken aber viele Gemeinsamkeiten.

Wenn sie sich damals auch oft langweilten, offenbar ist viel hängen geblieben von der Kunstepoche um die Jahrhundertwende.

„Wie, was war das für 'ne Wende?", fragt Benni.

Irritiert gucken ihn die Frauen an.

„Na, welches Jahrhundert meint ihr?" Woher soll Benni das denn wissen.

„Zur Wende vom 19. zum 20. Jahrhundert war dieser Stil große Mode."

Nachdem auch für Johannes geklärt ist, dass es um die Zeit um 1900 ging und nicht um das Jahr 2000 oder etwa 2999, bewegt sich das Grüppchen zum natürlichen Teil des Kurparks.

Am Rand des großen Teichs sitzen sie wie auf einer Seepromenade und dürfen jetzt endlich die Picknicksachen auspacken. Mamas Streuselkuchen ist köstlich wie immer! Ein Stück nach dem andern verschwindet zügig.

Mitten im See liegen lauschige Inselchen, dazwischen die Boote in Schwanenform, am Ufer bieten riesige alte Bäume Schatten. Die Eltern lehnen sich behaglich zurück und genießen den sonnigen Entspannungstag in vollen Zügen. „Wenn wir mal Erholung brauchen, buchen wir Bad Nauheim, notfalls auch ohne unsere Kinder."

„Falls ihr mich zum Einspringen braucht?", bietet Tante Ute großzügig an.

„Das lässt sich hören!" Herr Faber nickt ihr dankbar zu.

„Zwischen 1901 und 1904 war hier übrigens auch jemand zur Kur“, erklärt Tante Ute. „Und er hatte die Erholung dringend nötig.“

„Wer denn?“, rufen die Kinder durcheinander.

Tante Ute lächelt geheimnisvoll. „Es war jemand, den ihr sehr gut kennt!“

Hier stimmt doch was nicht! Hat sich Tante Ute auf eine Zeitreise verirrt? Wie sollen sie denn jemand kennen, der vor so langer Zeit in Nauheim war?

Doch das Rätsel ist schnell gelöst:

„Ihr habt doch gehört, dass Thomas Barnardo total überarbeitet war, regelrecht ausgepumpt. Heute würden wir wohl „Burn-out-Syndrom“ dazu sagen, aber das wusste er als Mediziner auch selbst.

Sein Herz machte ihm starke Beschwerden und so rieten ihm die Ärzte zu einer Kur in Bad Nauheim.

‚Bad Nauheim, wo soll das denn sein?'

‚In Deutschland, im Hessischen', erklärte sein Arzt. ‚Der Ort liegt inmitten ausgedehnter Wälder. Die Luft dort wird Ihnen gut tun. Außerdem gibt es dort Anwendungen mit heilenden Solequellen (salzhaltiges Wasser). Man hat herausgefunden, dass nicht nur Rheumakranke hier Besserung erfahren, sondern auch Herzpatienten. Der elegante Kurort kommt richtig in Mode, dort können Sie Heilung finden!'

Barnardo gehorchte seinem Arzt und machte sich auf

die weite Reise. Und wirklich, die Kur half ihm. Sobald er sich besser fühlte, erkundete er die Umgebung und spazierte natürlich auch durch den Kurpark. Damals hätten wir ihn mit Sicherheit auch hier auf den Bänken am Seeufer getroffen.

Bald schon wanderte er weitere Strecken in die Wälder und hoch zum Johannisberg, wo er die phantastische Aussicht genoss. Hier hatte sich schon einige Jahre vorher, im Jahr 1898, die berühmte Kaiserin Sissi wohlgefühlt, obwohl sie erst nichts von dem Kuraufenthalt wissen wollte.

Thomas Barnardo fühlte sich wieder gut, er wollte nach Hause!

Kaum zurückgekehrt, schob er alle Einsicht und Ermahnungen beiseite. So dauerte es nicht lange, bis er wieder zu viel arbeitete und abermals nach Bad Nauheim geschickt wurde. Einige Kuren linderten seine Beschwerden, aber beim letzten Aufenthalt spürte er deutlich seine abnehmende Lebenskraft. Er fühlte sich unendlich matt.

Vor der Abfahrt erstand er ein schönes Schmuckstück für seine Frau, die ihn in Paris abholen musste. Ein Abschiedsgeschenk?

Barnardo feierte seinen 60. Geburtstag. Danach schrieb er an seinen ältesten Sohn: ‚Meine Gäste erwiesen mir zu viel der Ehre! Bei den Festreden wurde ich beinahe als Engel beschrieben, sodass ich zu Hause vorsichtshalber in den Spiegel schaute, aber keine Ansätze für Flügel entdeckte!'

Das war sein englischer Humor, sich selbst nicht zu ernst zu nehmen.

Nach seiner letzten Kur in Bad Nauheim lebte Barnardo nur noch kurze Zeit. Er war ein treuer Diener seines Herrn und setzte über Jahrzehnte alle Kräfte ohne Selbstschonung für ihn ein. Tausenden hat er aus dem Elend geholfen, der kleine Mann mit der Laterne. Wir wollen ihn nicht vergessen und das große Werk, das Gott durch ihn tat."

Ergriffen haben alle den Schluss der Geschichte angehört. Dass Thomas sich ausgerechnet hier aufgehalten hat, wo sie heute den Tag verbringen. Ob Tante Ute das so eingefädelt hatte oder war's reiner Zufall? Sie lächelt unergründlich und schlägt vor, den Rückweg anzutreten.

Johannes rennt vor und bleibt bei einer kleinen Menschenansammlung stehen. Hoch oben im Baum scheinen sie etwas Interessantes zu beobachten:

„Da, auf dem abgebogenen Ast." „Nein, jetzt klettert er höher." „Der springt gleich, pass auf!"

Johannes verrenkt sich den Hals. Was meinen die Leute bloß? Ein Mann zieht ihn zur Seite und weist ihm genau die Richtung, in die er schauen muss: „Ein junger Waschbär, hast du schon mal einen gesehen?"

„Das gibt's doch nicht!", jubelt Johannes. „Der ist ja total süß!" Das Tier ist der absolute Höhepunkt des Tages für ihn, weit spannender als die angelegten Gärten und kunstvoll verzierten Badezimmer. Dieser Park ist wirklich klasse, hier ist alles so echt, nicht so ein Kunstschnickschnack!

Kurz vor dem Bahnhof gibt es noch eine Überraschung, aber diesmal für alle. Herr Faber biegt links ab und winkt den anderen mitzukommen: „Wir sind alle eingeladen, bitte eintreten!"

Sylvi fährt über eine bequeme Rampe hinauf in ein großes Chinarestaurant und die andern schreiten wie in einer Prozession hinterher.

„Hast du da nicht was verwechselt?" Frau Faber führt die Haushaltskasse und hat immer den Überblick. Aber diesmal ist sie nicht informiert! Die Großeltern steckten ihrem Sohn einen Schein zu für eine besondere Überraschung am Ausflugstag. Glücklich studieren alle die umfangreiche Speisekarte, da werden sie bestimmt alle was finden!

Der Countdown läuft

„Die Schule hat uns wieder“, denkt Frau Faber, als ihre drei Schüler am Montag aufgebrochen sind. Morgens beim Frühstück ist’s noch ziemlich ruhig, aber dann beim Mittagessen! Dann wird lebhaft jede einzelne Kleinigkeit mitgeteilt werden, alles ist schrecklich wichtig. Natürlich genügt es nicht, dass die Geschwister alles erfahren, nein: Sie, die Mutter, ist der erste Ansprechpartner. „Was werde ich heute wieder alles zu hören bekommen?“, überlegt sie. Noch dazu ist heute der Tag in Bennis Klasse, auf den sie sich so gut vorbereitet haben.

Als die Eltern heute morgen bei der Andacht mit ihren Schulkindern auch daran dachten, wurde sie sehr bewegt durch Johannes’ Gebet. Ihr Jüngster machte sich Sorgen um den Bruder, ihm ging’s dabei um eins: „Gib, dass Benni nicht ausgelacht wird, wenn er bei der Barnardogeschichte von dir erzählt!“

Unter diesen Gedanken macht sie ihre Hausarbeit, dann telefoniert sie mit ihrer Freundin Ute.

„Klasse, wie du uns den letzten Teil der Barnardogeschichte so lebendig geschildert hast. Am Ort der Handlung wirkte das so lebendig und du hast's geschafft, dass mich die Biografie ebenso packte wie die Kinder."

„Freut mich, dass es dir gefallen hat. Ich hatte den Eindruck, dir tat der Urlaubstag auch mal richtig gut. Ich dagegen kann doch öfter mal einfach wegfahren."

„Stimmt, ich war in letzter Zeit etwas unter Strom. Weißt du, Sylvi braucht bald eine Praktikumsstelle und da passt eben leider nicht jede. Sie war auch so unentschlossen, aber plötzlich sprudelt sie über von Vorschlägen. Journalistin schwebt ihr als Traumberuf vor, das muss ich dir mal alles erzählen, wenn wir uns das nächste Mal treffen, ja? Für heute muss ich Schluss machen. Tschüss, Ute."

„Tschüss, Karin. Komm mal wieder zum Kaffee vorbei, ja?"

Sieht Frau Faber richtig? Der erste Schüler ist schon wieder da: Johannes.

„Heut ist Mathe ausgefallen, Herr Guthier ist krank. Davor in Deutsch hatten wir auch Vertretung, bei einer Referendarin, ne ganz junge!"

„Das waren die Nachrichten Nummer eins", registriert

Karin Faber belustigt. Gleich wird er nach dem Mittagessen fragen, sie kennt doch ihren Sohn.

Und richtig: „Was gibt's denn heute? Auch Nachtisch?"

„Bis jetzt noch überhaupt nichts, du bist doch viel früher da als sonst. Willst du mit den Hausaufgaben schon anfangen?"

Von Wollen kann keine Rede sein. Aber dann hat er's früher hinter sich …

In Bennis Klasse läuft um diese Zeit die Vorstellung der Arbeitsgruppen.

Zu Beginn der 5. Stunde um 11.30 sind die beiden Freunde dran, darum wollen sie unbedingt schon in der Pause ihre Vorbereitungen treffen. Schnell rücken sie Tische und Stühle an die Wand, um den Raum auf ihr Thema einzustimmen. Zuerst heften sie die lange Tapetenrolle an die Seitenwand. Links haben sie einen Stadtplan von London aufgeklebt, in dem alle wichtigen Barnardo-Stationen durch Fähnchen markiert sind: die Stadtteile mit den Logierhäusern, die boys homes, die Zerlumptenschulen.

Barnardos Wege durch die Stadt, sein Weg vom Zuhause zum Büro findet man durch gestrichelte Linien in rot oder blau.

Von den wichtigen Stationen laufen Pfeile zu Fotos aus Alt-London, sodass man sich alles besser vorstellen kann.

Aber das ist noch nicht alles: gespannte Fäden führen von London zu den Schauplätzen in England und sogar in die Länder und Erdteile, wo seine Arbeit Kreise zieht.

Zufrieden schauen die Jungen auf die Wandgestaltung, nachdem sie ein paar Schritte zurückgegangen sind: „Super, hätt' ich nie gedacht, das ist richtig gut geworden", meint Benni, und Pascal murmelt: „Ja, kann man so lassen, aber jetzt weiter! Die Pause ist gleich zu Ende!"

Zum Glück haben sie bestens vorgearbeitet und alles genau durchgesprochen, sogar eine Raumskizze gezeichnet – die Idee kam von Sylvi –, wonach sie zügig arbeiten können.

Zuletzt befestigen sie die Mindmap an der Tafel, und kaum ist das letzte Tesakreppstückchen aufgeklebt, als es schon zum Beginn der Stunde gongt. Schneller als gewöhnlich füllt sich der Klassenraum, weil einfach alle gespannt sind: „Was bieten uns die Mitschüler, sind sie gut, werden wir Spaß haben??"

Schon stehen die ersten vor dem Baum-Plakat an der Tafel. Das ist echt gut gemacht, sie nicken anerkennend: In der Krone eines dicken Baumstamms klebt ein Foto von Pascals Kinderdorf, groß und bunt, nicht zu übersehen. Daneben eine Ansichtskarte von einem SOS-Kinderdorf in Südamerika, eins vom Kinderheim der Nachbarstadt und von anderen Wohngruppen für Schulkinder.

Boys Homes
Thomas Barnardo

„Was hat das mit eurem Thema zu tun?“ fragt Tim.

„Guck dir mal die dicken Äste ganz unten an“, bekommt er von Pascal als heißen Tipp, und schon liest er: „Boys home in London, gegründet von …“

Unbemerkt hat Benni auf den Knopf für die Verdunkelung gedrückt und jeder sucht so schnell wie möglich seinen Platz im Stuhlkreis. Was erwartet sie jetzt?

In der Mitte machen sie ein dunkles Bündel aus, wahrscheinlich ein Haufen alter Decken. Die Kinder recken die Hälse. Darum bemerken sie zuerst auch kaum die Gestalt, die näher kommt. Schwarzgekleidet, den Hut tief ins Gesicht gezogen und in der Hand eine Laterne, die ein wenig Licht auf den Boden wirft. Der Schwarzgekleidete bleibt vor dem Deckenhaufen stehen, bückt sich und hebt einen Zipfel hoch:

„Hallo, my boy, can I help you?“ Die Stimme kennen sie doch, wenn sie auch verstellt wirkt, so künstlich tief! Wer ist das bloß? Bevor sie das rausfinden, springt ein verschmierter, schmutziger Junge aus den Decken hervor und rennt fort. Als auch der zweite, der unter dem Haufen versteckt war, flüchten will, wird er von dem Mann mit der Laterne noch soeben am Kragen gepackt: „What’s the matter with you, please tell me!“

„I’m very hungry“, piepst eine dünne Jungenstimme und der Kleine reibt sich in einer bezeichnenden Geste über seinen Bauch. „But – are you a policeman?“

„No, don't be afraid, I want to help you!", sagt die dunkle Gestalt beruhigend. Die ängstliche Frage: „Who are you?" soll ihm nun schnell beantwortet werden, sie gehen zusammen zur Tafel, und Thomas Barnardo stellt sich vor.

Puh, die englische Unterhaltung ist geschafft! Hoffentlich hat Missis Miller nicht so genau auf die Aussprache geachtet, sie sind ganz schön aufgeregt.

„Danke, Johannes!" Benni denkt dankbar an seinen kleinen Bruder, der die Laternenszene damals auf der Terrasse spielte und sie dadurch auf die Idee brachte.

Als der Klassenraum wieder hell ist, erkennen die Mädchen und Jungen schnell, wer unter der Verkleidung steckt: Benni als Barnardo und Pascal als einer der beiden nobodyboys, der andere ist Jonas, der mal eingesprungen ist.

„Puhh! Das wäre geschafft!", denkt Benni erleichtert, „jetzt müssen wir nur noch die Frage-Runde überstehen." Frau Schröder ist ganz in ihrem Element und eröffnet mit den Worten: „Bitte, Manege frei für eure Fragen, wir sind gerüstet! Übrigens, ihr dürft gern deutsch sprechen, das ist in Ordnung!" Zustimmung bei den Schülern, ein kritischer Blick von der Englischlehrerin.

Der Einstieg ist ein voller Erfolg, das merkt man an den vielen Fragen. Ein Glück, dass sie so gut vorbereitet in den Tag gegangen sind.

Auch die Mindmap kommt sehr gut an. Stapel von

Blättern hatten die beiden mit verschlungenen, sich überkreuzenden Linien gemalt. Alles Müll, bis sie im Kunstunterricht auf die Idee mit dem Baum kamen. Dann war's auf einmal so leicht. Die Wurzeln sind doch eindeutig, denn wo kamen Barnardos Ideen her? Pestalozzi und Wichern mit ihren Heimen. So weit so gut, doch dann:

Warum war dieser Thomas so ein guter, mitleidiger Mensch, das musste auch eine Wurzel haben!

Für Benni eine selbstverständliche Angelegenheit: Dr. Barnardo war Christ. Die Wurzeln für seine Entscheidungen kamen aus der Bibel, aus seinem Leben mit Gott. Er führte ihn durch den Tag und half ihm – also schrieb Benni dick mit dem schwarzen Edding GOTT in eine Wurzel. Pascal hatte skeptisch ausgesehen, aber nichts gesagt.

Genau diese Stelle in der Zeichnung nehmen einige Jungen aufs Korn: „Hört mal, ihr beiden, was soll das denn hier? Ist doch keine Relistunde oder wie seht ihr das?“ Spöttisch bauen sich die Sprecher vor ihnen auf.

Pascal schaut zu Benni. „Geht an dich“, bedeutet sein Blick.

Benni schluckt. Er wird schon rot und sieht das Grinsen seiner Gegenüber, aber er hört sich zu seinem eigenen Erstaunen sagen: „Dr. Barnardo war Christ. Gott zeigte ihm, was er zu tun hatte … und Gott gab ihm auch die Kraft für die viele Arbeit. Gott war also Wurzel seines Tuns und seiner Arbeit.“

Deutlich und ohne Stocken hat er das rausgebracht, und bevor noch jemand etwas sagen kann, teilt Frau Schröder mit: „Eure Zeit ist herum, vielen Dank für die Präsentation.“

Klatschen, Unruhe, kleine Trinkpause. Die Lehrer stehen kurz zusammen, vergleichen ihre Bewertungstabellen und konzentrieren sich auf die nächste Runde: Annika und Jenny sind dran.

Einige haben geholfen, alles wegzuräumen. Die beiden Mädchen bitten darum, dass sich alle wieder in den Kreis setzen und verlassen selbst den Klassenraum. Wieder sind alle gespannt. Was haben sich die Mädchen ausgedacht?

Pascal und Benni fällt es ziemlich schwer, so schnell umzuschalten. Noch sind sie gedanklich ganz in ihrem Thema, und außerdem nervt es, dass sie keine Rückmeldung von den Lehrern haben. Lächeln, ermutigendes Nicken, aber was ist das schon? Kann auch tröstend gemeint sein, wer weiß?

Als die Klassentür aufgeht, drehen sich alle Köpfe. Im Hintergrund ertönt klassische Musik von der CD. Annika schreitet herein, in einen alten dunkelgrünen Lodenmantel ihrer Oma gehüllt und mit am Hinterkopf festgesteckten dicken Zöpfen. Die starke Brille und der altertümliche umgehängte Fotoapparat machen die Erscheinung der altgewordenen Journalistin lebendig. Zügig kommt sie zu später Stunde von einem Konzert und setzt sich unverzüglich an die alte Schreibmaschine. Die Schläge der Kirchturmuhr werden durch Tambourinschläge angedeutet. Nach längerem Tastengeklapper wird sie müde und schläft bei leiser Musik schließlich am Schreibtisch ein.

Als sie nach kurzem Schlummer erwacht, schaut sie verstört um sich und fragt: „Wo bin ich? Können Sie mir den Weg nach Dillenburg zeigen?"

Die Schüler lachen.

„Das ist kein Problem, Dillenburg ist unsere Nachbarstadt!"

Die alte Dame wirkt tatsächlich verwirrt, bis Jenny sie anspricht und ihre Fragen höflich beantwortet. Doch, dies ist eine Schule, aber hier war die alte Dame noch nie.

„Woher kommen Sie denn, haben Sie sich vielleicht verlaufen?" Jenny zeigt ihr ein altes Foto: „Kennen Sie dieses Haus?"

„Aber das ist mein Elternhaus", erzählt die alte Dame, die sich als Charlotte vorgestellt hat, überglücklich. Und dann sprudeln die Erinnerungen nur so aus ihr heraus. Die Kinder erfahren die ganze Lebensgeschichte einer außergewöhnlichen Frau, die sich ganz für die Wapniarka-Juden eingesetzt hatte und folgen der Darstellung gespannt.

Die wenigsten von ihnen ahnten, dass Charlotte in der Nähe gelebt hat. Annika und Jenny geben ihren Mitschülern den Tipp, beim nächsten Besuch der Dill-

Kliniken dort doch einfach mal die steile Rechtskurve unter die Beine zu nehmen, damit hätten sie schon Charlottes Wohnsitz umrundet.

„Echt, das muss ich mir mal ansehen!“, rufen einige spontan und Frau Schröder denkt schon darüber nach, einen Wandertag zum Roten Berg zu organisieren.

„Woher habt ihr so viel über Frau Petersen erfahren? Mir ist das meiste völlig unbekannt“, wundert sich die Lehrerin. “

„Och, war halb so schlimm. Wir haben nämlich einen Zeitzeugen kennengelernt, den wir ausfragen durften, Bennis Papa.“

„Denkt ihr, dass noch andere Nachbarn dort leben, die sie gekannt haben? Ob wir die mal einladen?“ Frau Schröder ist noch nicht fertig mit dem Thema und macht den Vorschlag, in PoWI gemeinsam zu recherchieren, es passt genau zum nächsten Unterrichtsstoff.

„Scheint gut gelaufen zu sein“, meinen die Mädchen. „Aber bei euch auch!“, rufen sie den Freunden zu, die sie beim Ausgang treffen.

Schulterzucken. „Wir werden sehen.“

Bei Fabers kommt Sylvi als Nächste aus der Schule. Strahlend berichtet sie, dass im Leistungskurs Kunst das neue Thema „Jugendstil“ heißen wird. „Und wer hat sich für eine Präsentation über das berühmte Jugendstilbad gemeldet? Sylvia Faber, mit den aktuellen Fotos der letzten Woche!“

Sylvi verkündet das im Stil einer begeisterten Werbung, sie ist total happy und weiß, dass Mama sich mit ihr freut.

„Du, da kommt mir eine Idee“, sagt Frau Faber auch gleich. „Mich interessiert schon lange die Darmstädter Mathildenhöhe, das war ein sehr wichtiger Ort in der Jugendstilbewegung. Mit dem Hessenticket könnten wir uns vielleicht mal da oben einen Frauentag genehmigen. Das wäre auch wieder was für Ute!“

Als Mama, Johannes und Sylvi schon mit dem Essen begonnen haben, klingelt Benni. Er wirkt so fertig, so ausgepowert. Schnell stellen sich die anderen auf ihn ein, er hat aufmerksame Zuhörer verdient.

„Ich glaub, das ist ganz gut gelaufen. Die Mappen hatten wir ja schon abgegeben und Frau Schröder fand sie ganz ordentlich. Ein Glück, dass Mama und Sylvi wegen der Rechtschreibung drübergeguckt hatten, da ist sie immer so pingelig.“

„Jetzt mach doch endlich, wir wollen wissen, wie es heute war. Erzähl schon!“, drängeln die Geschwister.

„Hab ich doch schon gesagt, lief ganz gut, wir war’n locker.“

„Mal im Klartext: Was habt ihr gemacht, du und Pascal?"

„Na ja, zugegeben, zuerst hatte ich ziemlich Lampenfieber und ein bisschen Muffe vor dem englischen Dialog. Aber muss man das alles wiederkäuen? Ist doch vorbei und gut." Benni streckt die Beine weit von sich.

Aber so schnell lassen sich die anderen nicht abspeisen, schließlich drehte sich alles im Haus Faber um dieses Ereignis und alle haben irgendwie mitgeholfen. Endlich, nachdem er seine Extra-Eisportion verzehrt hat, lässt Benni sich herab und berichtet ausführlich.

Auch im Kinderdorf wartet man gespannt auf Neuigkeiten. Pascal muss genau berichten, aber er tut es gar nicht ungern. Ausgelassen spielt er alles noch mal nach, sowohl den Mann mit der Laterne als auch die ältliche Charlotte Petersen. Weil er wirklich schauspielerisch begabt ist und auch die englischen Sätze einwandfrei rausbringt, kugeln sich alle vor Lachen. Er verbeugt sich wie ein alter Hase auf der Bühne, grinst und kann sich nicht verkneifen, unschuldig festzustellen: „Mir ist heute völlig klar geworden, warum ihr Kügler heißt, ihr kugelt euch ja nur so, wenn ihr Spaß habt!"

Die Entscheidung

Gesamtkonferenz an einem Schulzentrum! Alle Lehrer kommen in einem großen Raum zusammen, in diesem Fall sind es etwa einhundertzwanzig. Eine gute Gelegenheit, mit dem einen oder anderen noch schnell was zu klären, hier zu gratulieren oder dort einen Teamtreffpunkt auszumachen – es geht zu wie in einer total aufgedrehten Riesenklasse. Doch dann klingelt's zum Beginn der Konferenz und sie müssen genauso still zuhören, wie viele Schüler während der ganzen Woche: Informationen, neue Regeln, viel Langweiliges. Wenn's gar nicht voran geht, muss einiges leider vertagt werden.

„Auch das noch, bald wieder so eine Mammutsitzung", hört man einen Stoßseufzer, dem alle mitfühlend zustimmen.

Endlich, endlich der letzte Punkt auf der Tagesordnung. Der Schulleiter gibt bekannt: „Wir hören den Bericht über die vorgeschlagenen Schulnamen, ich bitte die Ausschussmitglieder um das Wort."

Frau Schröder gehört natürlich auch zum Ausschuss, denn sie hat ja mit ihren Schülern umfangreiche Arbeiten über die ausgewählten Personen erstellt. Aus ihrer Klasse sind noch die beiden Projekte im Rennen, die unter den Arbeitstiteln „Charlotte“ und „Thomas“ laufen. Beide Präsentationen waren überzeugend, das zeigten schon die Reaktionen der Mitschüler.

Aber die Lehrer müssen erstmal gründlich diskutieren! Schließlich stehen noch andere Namen im Raum und die Gemüter erhitzen sich bei der Verteidigung der Wunschpersonen. Belustigt beobachten die Schulsprecher das erstaunliche Verhalten der Erwachsenen. Wann würde Frau Schröder um „diszipliniertes Betragen, das dem Niveau unserer Schulgemeinde angemessen ist“ bitten? Gespannt verfolgen sie Reden und Gegenreden und überdenken ihre eigenen Standpunkte. Zuletzt sind nur noch die beiden Namen aus der Schröder-Klasse im Rennen.

Eine Elternvertreterin meint: „Es gibt genug Schulen, die ihre Namen von berühmten Männern haben. Ich finde, wir sollten einen Frauennamen wählen.“

Eine weitere Wortmeldung kommt vom Religionslehrer: „Der englische Arzt war sehr christlich eingestellt. Bei allem Respekt möchte ich aber doch daran erinnern, dass wir so glücklich sind, in einer großen bunten Schulgemeinde zu leben. Auch Minderheiten müssen berücksichtigt werden.“

Endlich versucht Herr Karle, alles auf den Punkt zu bringen. Er hält den Namen Barnardos für außergewöhnlich geeignet, allerdings noch besser für eine Christliche Schule, die es auch in der Nähe gäbe. Er wäre gerne bereit, den Vorschlag dorthin weiterzugeben.

Damit hat er dem Ausschuss eine klare Vorlage gegeben und die Entscheidung ist auf einmal sehr leicht geworden.

An einem sonnigen Morgen, als Schülermassen zum Haupteingang strömen, sehen Benni und Pascal das Gerüst einer Malerfirma an der Fassade. „Hallo Papa!“, ruft Benni seinem Vater zu, der hoch oben mit Farbe und Pinsel hantiert.

„Hallo, ihr beiden, ich wünsche euch einen guten Schultag heute!“

Die Freunde haben sich oft heimlich ausgemalt, dass eines Tages dort oben für alle sichtbar stehen würde: Dr. Thomas Barnardo – Schule. Das wär’s gewesen, aber leider erfüllt sich ihr Traum nicht. Wenn sie heute Mittag rauskommen, werden alle den neuen Schulnamen von Weitem sehen: Charlotte Petersen – Schule.

E PETERSEN -SCH

Es tut schon weh, das stecken die Jungen nicht so schnell weg. Sie haben ihren Doktor Barnardo lieb gewonnen! Gut, dass sie darüber sprechen können, auch zu Hause. Zuerst ist es wie eine bittere Pille, das geben beide zu.

Als Pascal eines Abends mit Fabers beim Abendessen sitzt und noch ein bisschen bleiben darf, erlebt er auch endlich mal die Abend-Andacht mit, die Benni schon oft erwähnt hat. Bisher konnte er sich nicht so richtig etwas darunter vorstellen. Gemeinsam denken Fabers über einen Bibelvers nach. Eigentlich sogar über zwei:

Der erste lautet: Für Gott wird kein Ding unmöglich sein (Matthäus 19,26). Damit hat Pascal keine Probleme, weil er an Gottes Existenz nie gezweifelt hat. Und wenn Gott die ganze Welt geschaffen hat, kann Pascal ihm auch mühelos alle anderen Wunder zutrauen.

Der zweite Bibelvers ist nur für Leute, die an Gott glauben. Genauer: die Gott lieben. Er steht im Brief an die Römer, Kapitel 8, Vers 28 und lautet: Wir wissen aber, dass denen, die Gott lieben, alle Dinge zum Guten mitwirken.

„Das heißt doch, dass für Christen alles gut ausgeht", bemerkt Benni.

„Ich könnte demnach aufstehen und ohne Rolli rumlaufen, nur, weil ich Gott liebe?", wendet Sylvi ein.

„Nur"? fragte Papa ernst. „Stellst du dir das so leicht vor, Gott zu lieben? Was heißt das eigentlich? Gott mit ganzem

Herzen zu lieben, bedeutet auch, ihn an die erste Stelle zu setzen. Weil ich ihn liebe, soll er Herr meines Lebens sein."

Frau Faber gibt zu bedenken: „Es steht nichts davon in der Bibel, dass alle Probleme verschwinden, Sylvi. Natürlich kannst du für jedes Anliegen beten!"

Pascals Blick wandert zu dem Spruch an der Wand, der lautet: „Gott hört alle Gebete, aber er erhört nicht alle". „Wenn Gott doch jedes Gebet hört, warum erhört er dann manche nicht?", fragt er ratlos.

„Ich vermute, weil wir manchmal Dinge bitten, die Gott nicht für uns vorgesehen hat oder die uns im Moment überhaupt nicht gut täten", meint Herr Faber nachdenklich.

„In unserem Vers steht ‚zum Guten mitwirken'", ergänzt Frau Faber. „Ich denke, dass es für uns letzten Endes gut ausgehen wird, denn Gott meint es gut mit uns. Wir können nicht alles verstehen, aber wir dürfen ihm vertrauen."

Pascal hört aufmerksam zu und beobachtet genau. Er staunt, dass Herr und Frau Faber, Sylvi, Benni und Johannes jeder eine eigene Bibel haben und darin mitlesen.

Plötzlich huscht ein Grinsen über sein Gesicht. Er schaut in die Runde, von einem der Fabers zum andern und platzt raus: „Wenn ich euch so ansehe, muss ich eigentlich immer an ein altes Bilderbuch denken, das wir den Kleinen manchmal vorlesen müssen!"

„Wie kommen wir zu diesem Kompliment?", fragt

Sylvi vergnügt. „Sind wir etwa eine Bilderbuchfamilie für dich?"

Pascals Grinsen wird noch breiter. „Klar", sagt er. „Ihr seid alle hellblond – bis auf Benni mit seinem schwarzen Wuschelkopf. Wie das schwarze Schaf in unserm Buch!"

Alle lachen.

„Danke für die Blumen", knurrt Benni. Aber er ist nicht beleidigt.

„Habt ihr eine Oma, die so dunkel ist?", fragt Pascal.

„Bennis Eltern und Großeltern sind Rumänen, deshalb hat er auch eine etwas dunklere Hautfarbe als wir", erklärt Herr Faber lächelnd.

„Ja", ergänzt Benni, „ich kam ins Kinderheim, als meine Eltern verunglückten. Weil sie nicht wieder gesund wurden, sondern gestorben sind, bin ich da erst mal geblieben. Mama und Papa Faber haben zuerst eine Patenschaft für mich übernommen, aber dann haben sie entschieden, mich mit nach Deutschland zu nehmen. Sie wollten nicht, dass Sylvi ohne Geschwister blieb. Da bin ich als ihr Bruder mitgefahren, so einfach ist das!"

„Ups, dann bist du ja ein echtes ‚nobodychild', wer hätte das gedacht?"

Wieder Gelächter, weil Pascal immer wieder auf sein Thema zurückkommt.

Jetzt ist es Johannes, der die letzte Aussage nicht so stehen lässt: „Heißt nobody niemand, ist das richtig?"

„Absolut korrekt, Kleincr!“

„Aber was Pascal sagt, stimmt nicht. Papa und Mama wollten Benni als eigenes Kind haben, jetzt gehört er zu uns und außerdem … in meinem Zimmer hängt ein Poster, da steht drauf: Kein Mensch geht über diese Erde, den Gott nicht liebt. Mama sagt abends oft, wenn sie mit mir betet: ‚Danke, Gott, dass du jeden von uns gewollt hast, weil du uns liebst. Wir sind wertvoll in deinen Augen, ganz gleich, was andere über uns sagen.’ Pascal, du bist auch wertvoll!“

Darauf weiß der schnelle Pascal keine Antwort und schaut verdutzt.

„Johannes hat Recht“, bestätigt Frau Faber.

Gemeinsam erklären sie Pascal, dass er für Gott sehr wichtig ist.

„Gott hat dich, Pascal aus dem Kinderdorf, so lieb, dass er seinen einzigen, geliebten Sohn auf die Erde schickte. Jesus, Gottes Sohn, wurde freiwillig Mensch, damit er Pascal und Benni und Sylvi und all die anderen Menschen verstehen kann – in all ihren Freuden und allen Enttäuschungen.“

Pascal erfährt, dass Jesus Christus ihn so sehr liebte, dass er sich auf schreckliche Weise töten ließ: Am Kreuz. Das alles hat er zwar schon mal gehört, als Hintergrund von Weihnachten und Ostern. Aber er hat nicht gewusst, wie das alles zusammenhängt. Pascal muss unbedingt mehr darüber wissen und auf einmal ist das viel wichtiger als der Schulname.

Die beiden Freunde haben ein neues Thema und Pascal ist ein gern gesehener Gast bei Fabers, wo er seine vielen Fragen loswerden kann.

„Hat Gott die Sache mit dem Schulnamen so geführt, damit wir Bennis Schulfreund kennengelernt haben?“, fragt Sylvi.

Johannes nickt eifrig. „Bestimmt! Und ich hoffe, dass er bald zum Glauben an den Herrn Jesus findet. Wir beten doch alle für ihn!“

„Alles, was wir erleben, ist ein Teil in Gottes großem Puzzle“, macht Herr Faber seinen Kindern Mut. „Ihr könnt ihm völlig vertrauen, dass jedes Teilchen an seinen richtigen Platz kommt, wenn ihr Gott die Regie überlasst.“

Tante Ute nickt dazu, als sie gemütlich bei Tee und Plätzchen den ersten Herbstnachmittag genießen.

ENDE.

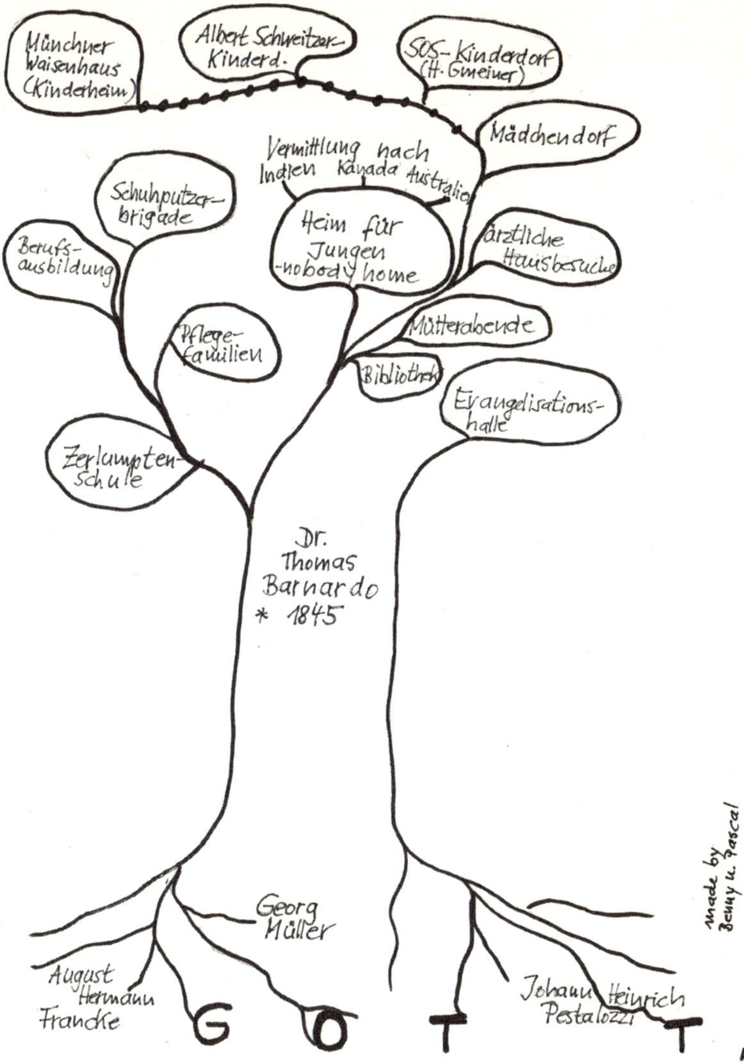

Agent der Niemandskinder

Zeittafel – Thomas Barnardo

1845	Geboren am 4. Juli
1862	Bekehrung, ab da unermüdlicher missionarischer Einsatz
1866	• Begegnung mit Hudson Taylor und Entschluss, wie dieser China-Missionar zu werden • Auf Anraten Taylors Aufenthalt in London, um zunächst eine medizinische Ausbildung zu absolvieren • In der Freizeit Arbeit als Lehrer in einer der Zerlumptenschulen in Londons East End • Begegnung mit Jim Jarvis, Beginn der Arbeit für die „Niemandskinder“
1867	• Barnados Rede auf einer Missionsversammlung in Islington, anschließend Bekanntschaft mit Graf Shaftesbury • Mit Shaftesbury auf dem Fischmarkt • Entscheidung, die China-Mission zugunsten von London East End aufzugeben • Im Juli erster öffentlicher Aufruf Barnados, seine Arbeit zu unterstützen

1868	Im März Eröffnung des Missionshauses am Hoffnungsplatz in Stepney (Ost-London), vielfältige missionarische und schulische Angebote für Kinder und auch für Erwachsene, Bibelstunden, Vorträge, praktische Hilfe
1870	Eröffnung des Jungenheims am Stepney Causeway, zunächst für 60 Jungen, (bis 1872 sind es 130, 1888 schon 450 Jungen) Grundsatz, dass kein Kind abgewiesen werden soll, das wirklich verlassen ist und keine andere Hilfe hat
1872	Barnardo übernimmt nach einer Evangelisation in der dortigen Gegend das „Edinburger Schloss", ein berüchtigtes Tanzlokal und macht einen „Kaffeepalast", ein Missionshaus daraus.
1873	17. Juli: Barnardo heiratet Syria Luise Elmslie aus Richmond. Die Barnardos haben fünf Söhne und zwei Töchter. Drei Söhne sterben noch im Kindesalter. • Beginn der Arbeit für Mädchen
1875	Barnardo erkennt die Heime als ungeeignet für Mädchen, stattdessen Errichtung des Mädchendorfes Ilford, dort werden jeweils einige Mädchen zusammen mit einer ‚Mutter' in einem Häuschen untergebracht (im Lauf der Jahre lebten 8500 Mädchen im Ilfelder Dorf).

1876	Barnardo findet endlich Zeit, seine Ausbildung abzuschließen und ist nun als praktischer Arzt in London eingeschrieben.
1877	Angriffe, Verdächtigung der Veruntreuung und Pressehetze, Barnardo wird glänzend rehabilitiert. Es wird ein Leitungskomitee für die Barnardo-Häuser gegründet, um Verdächtigungen in Zukunft von vornherein zu vermeiden.
1881	Ein Beschäftigungshaus (Berufsvorbereitung) für junge Männer wird gegründet.
1882	• Beginn der organisierten Auswanderung nach Kanada (bis 1908 siedeln 20.000 Kinder nach Kanada über, einzelne auch nach Australien, Südafrika, Europa, Neuseeland und USA). • Im Lauf der Jahre wurden noch weitere Häuser und Einrichtungen für Erwachsene (z.B. Logierhäuser), für Jungen, für Kleinkinder, für gefährdete Mädchen, für Körperbehinderte, für Kranke und für Sterbende gegründet.
1895	Barnardo erkrankt am Herzen, Ärzte und Freunde bitten ihn vergeblich, sich zu schonen.
1901, 1904	Thomas Barnardo geht auf Anraten der Ärzte zur Kur nach Bad Nauheim.
1905	Er bricht die letzte Kur ab, reist vorzeitig nach Hause und stirbt am 19. September im Alter von 60 Jahren.

Zeittafel – Charlotte Petersen

1904	• Geboren am 11. Juni bei Siegen • Während des Dritten Reiches gehört sie der Bekennenden Kirche an, einer Bewegung, die den Widerstand gegen den Unrechtstaat betrieb. • Nach dem 2. Weltkrieg gründet Charlotte Petersen das Hilfswerk Wapniarka für Überlebende des KZ Wapniarka.
1967	Charlotte Petersen wird mit dem Bundesverdienstkreuz 1. Klasse geehrt, in den folgenden Jahren folgen weitere Auszeichnungen und Ehrungen.
1986	Sie wird Ehrenbürgerin der Stadt Dillenburg.
1994	Charlotte Petersen stirbt am 1. August in Dillenburg.